Eugen Drewermann / Friedrich Schorlemmer

Tod oder Leben

HERDER / SPEKTRUM

Band 4381

Das Buch

Es geht um Tod und Leben in dem Gespräch, das zwei der bekanntesten Theologen unserer Zeit führen: Friedrich Schorlemmer und Eugen Drewermann. Sie greifen grundsätzliche Fragen auf, die am Ende des Jahrhunderts viele bewegen. Menschen fragen heute direkter als früher nach dem Sinn von allem überhaupt, und in der Frage nach dem Sinn verbirgt sich die Gottesfrage. Das religiöse Fragepotential in unserer Gesellschaft ist – keineswegs nur in den Kirchen – beträchtlich. Hier setzen die beiden Theologen in ihrer Analyse an. In ihren Antworten formulieren sie durchaus unterschiedliche Perspektiven: politisch-prophetisch oder therapeutisch-psychologisch, aber immer in leidenschaftlichem Engagement und kritischer Aufmerksamkeit auf die Zeichen der Zeit bringen sie die Wirklichkeit unserer Gesellschaft und unserer Existenz zur Sprache. Sie gehen gemeinsam dem nach, wonach Menschen heute suchen und sich sehnen, setzen sich mit der eigentlich zuständigen „Gottesinstitution", der Kirche, der katholischen wie der evangelischen, auseinander. Ein notwendiger Dialog und ein spannendes, auch sehr persönliches Gespräch: „Vielleicht führt es manche oder manchen dahin, wohin sie nicht wollten. Das wäre schon gut" (Michael Albus).

Die Autoren

Friedrich Schorlemmer, Theologe, Bildungsleiter, Schriftsteller, Friedenspreisträger des Deutschen Buchhandels 1993. Lebt in Wittenberg. Zahlreiche Publikationen.
Eugen Drewermann, Theologe und Psychotherapeut, Publizist. Lebt in Paderborn. Bei Herder/Spektrum u. a.: Zeiten der Liebe (4091); Das Eigentliche ist unsichtbar (4068); Der gefahrvolle Weg der Erlösung (4165); Dein Name ist wie der Geschmack des Lebens (4113); Die Spirale der Angst (4003); Der tödliche Fortschritt (4032); Taten der Liebe (4402).
Michael Albus, Theologe, Publizist, ZDF-Journalist in Mainz. Bei Herder/Spektrum Herausgeber von: Drewermann/Biser, Welches Credo? (4202).

Eugen Drewermann /
Friedrich Schorlemmer

Tod oder Leben

Vom Sinn und Unsinn des Gottesglaubens

Herausgegeben von Michael Albus

Herder
Freiburg · Basel · Wien

Gedruckt auf umweltfreundlichem,
chlorfrei gebleichtem Papier

Originalausgabe

Herstellung: Freiburger Graphische Betriebe 1995
Umschlaggestaltung: Joseph Pölzelbauer
Umschlagbild: Serge Polliakoff, Komposition, © VG Bild-Kunst, Bonn 1995
ISBN 3-451-04381-5

Vorwort

Vielleicht liegt es – wieder einmal – auch an der Stimmung eines zu Ende gehenden Jahrhunderts und des zweiten christlichen Jahrtausends, daß die „Zeiten" schwieriger, verworrener, unübersichtlicher werden. Und folglich auch manche grundsätzliche Fragen auf den Plan rufen.

Die Menschen fragen heute direkter als früher und schneller nach dem Sinn von allem überhaupt. In der Frage nach dem Sinn verbirgt sich die Gottesfrage.

Sie hatte früher ihren Sitz nicht nur im Leben des einzelnen, sondern auch ihren Ort im Rahmen von Kirche und Theologie. Das ist heute nicht mehr so – oder kaum noch so. Die Frage nach dem Sinn oder Un-Sinn des Gottesglaubens ist von dort ausgewandert und geht immer mehr hinaus aus dem Haus der Kirche. Diese Entwicklung ist – ob sie einem paßt oder nicht – einfach festzustellen. Das müssen die Kirchen zur Kenntnis nehmen. Sie täten im übrigen besser daran, nach den neuen Fragerichtungen und Fragebewegungen zu suchen, anstatt sich im schönen Schein der Kerzen und beim Klang der Lobgesänge innerhalb der Mauern einzurichten oder über die „Großwetterlage" draußen – oft wenig beleckt von der Wirklichkeit – zu lamentieren.

Es ist ja nicht so, daß die Masse derer, die gegenwärtig fluchtartig oder resigniert ihre Kirchen verlassen, aus ihnen austreten, am Ausgang auch die Gottesfrage, die ja eine zentrale Lebensfrage ist und bleibt, zurücklassen. Sie nehmen sie mit hinaus.

Das religiöse Fragepotential in unserer gegenwärtigen Gesellschaft ist beträchtlich. Man muß aber, um es zu verstehen, die „Zeichen der Zeit" kennen. Das setzt Wirklichkeitsnähe voraus, Kenntnis über die Praxis des Lebens, Furchtlosigkeit vor Berührungen. Wer sich da nicht mehr auskennt, wird auch keine wirkliche Hilfestellung bei der Suche nach einem lebendigen Gott geben können. Insofern sind die Kirchen bei uns längst nicht mehr in einer Kirchenkrise, sondern in einer Gotteskrise.

Im folgenden Gespräch geht es wirklich um Tod und Leben. Die beiden Gesprächspartner sind bekannt: Eugen Drewermann und Friedrich Schorlemmer sind beide auf der Suche – auch in diesem Gespräch. Sie bringen vieles zur Sprache, was Menschen heute bewegt, sie lassen die wunden Stellen nicht aus, sprechen aber auch an, was heilend wirken könnte. Und sie setzen sich mit der eigentlich zuständigen „Gottesinstitution", der Kirche, der evangelischen und katholischen, auseinander. Dabei fördern sie Schattierungen zutage, die zum Weiterdenken anregen.

Das Gespräch bedarf keiner Kommentierung, sondern nur der Bereitschaft, sich seinem Fluß zu überlassen. Vielleicht führt es manche oder manchen dahin, wohin sie nicht wollten. Das wäre schon gut.

Ich danke beiden, daß sie sich auf diese Frage eingelassen haben und uns teilhaben lassen an ihrer Suche nach dem Geheimnis dessen, in dem wir leben, uns bewegen und sind. Und nach dessen Lösung und Entzifferung viele Menschen auch heute noch eine große Sehnsucht haben.

Michael Albus

Albus:

Herr Schorlemmer, Herr Drewermann, während wir miteinander sprechen, fallen Bomben in verschiedenen Gegenden der Welt, und es ist wieder Krieg. Und wenn man genau hinsieht, spielt dabei oft Religion eine Rolle. Wie sehen Sie die Frage nach Gott angesichts dessen, was sich in unseren Tagen und Jahren abspielt – auch in diesem Jahrhundert?

Drewermann:

Ich denke, das Problem der Religion ist das Problem der Religion als Institution. Jede ist auf ihre Weise auf der Suche nach dem Einzigen und macht daraus sich selbst zu etwas Einzigartigem. Es ist so ähnlich, wie wenn jemand an das Fenster eines Gefängnisses tritt und erklärt: Nur durch dieses Fenster sehe ich die Sonne. Aber er bleibt dabei nicht stehen. Er äußert die Behauptung, daß nur durch dieses Fenster überhaupt die Sonne scheint. Anthony de Mello erzählt einmal, daß irgendwo eine Messe der Religionen abgehalten wurde – eine richtige Verkaufsmesse, mit viel Reklame wie für Käse und Damenunterwäsche. Im ersten Pavillon erfuhr der Besucher, daß Gott gut ist, aber nur ein Volk zu seinem eigenen erwählt hat. Im zweiten Pavillon war zu hören, daß Gott allbarmherzig ist, aber seine Wahrheit nur einem einzigen als seinem Propheten gegeben hat. Im dritten Pavillon wurde man belehrt, daß Gott die Liebe ist, doch in den Himmel nur kommen kann, wer aus der römisch-katholischen Kirche als der alleinseligmachenden kommt. – „Und was hast du nun über mich gelernt?" fragte Gott den Besucher. – „Daß du engstirnig, fanatisch und grausam bist." – „Siehst du", sagte Gott, „deshalb bin ich zu der Messe auch gar nicht hingegangen. Mir liegt nicht an den Religionen, mir liegt an den Menschen." Wenn Religion das wäre, was sie sein müßte im Sinne Schleiermachers: ein Gefühl oder die Sehnsucht für das Unendliche, ein tiefes Empfinden der Abhängigkeit oder positiv: der Dankbarkeit gegenüber den Grundlagen des Daseins, dann wäre sie die tiefste Kraft, die Menschen allerorten miteinander zu verbinden und zu verbünden. Tatsächlich aber geht die beste Intelligenz der Religionsvertreter immer noch in dem Zweck auf, sich selbst und den Mitgliedern den Nachweis zu erbringen, daß ihre spezielle Auffassung von Gott, der sich einem bestimmten Volk, einer bestimmten Kultur, einer bestimmten Tradition mitgeteilt hat, unvergleichlich, einzigartig, mit absolutem Wahrheitsanspruch ausgestattet ist. Da wird aus dem Sprechen von Gott immer auch schon die Rechtfertigung von Macht und Gewalt.

Auf diese Weise hat die faktisch existierende Religion sich in einem immer noch archaischen Selbstverständnis etabliert. Bis vor 450 Jahren noch herrschte kulturgeschichtlich eine Situation, in der die Menschheit sich divergent entwickelte, es konnten neue Sprachen, sogar neue Rassen im Verlauf von Jahrtausenden der Trennung voneinander entstehen, und es ist von daher mehr als verständlich, daß auch die Religionen einem bestimmten Lokalzentrismus unterlegen waren. Seither, spätestens seit dem Zeitalter der Entdeckungen, ist die Geschichte der Menschheit irreversibel konvergent, und das religiöse Bewußtsein muß dieser Tatsache Rechnung tragen, indem es mit dem Ernst macht, was es selber ausspricht: Gott ist der Schöpfer aller Dinge.

Was wir speziell in Bosnien erleben, ist der Aberwitz, daß Konfessionen, wie die römischen Katholiken und die orthodoxen Katholiken, gegeneinander antreten. Die Frage, die sie seit etwa 1000 Jahren trennt, ist, ob der heilige Geist vom Vater allein oder vom Vater und vom Sohn gemeinsam ausgeht. Man sollte denken, daß ein Sprechen über Geist ein geistiges Niveau verriete. Aber daß es dazu führt, zu nichts weiter herzuhalten als zur Legitimation des Gruppenegoismus, ist der ungeistige Status des Religiösen. Und in dem befinden wir uns bedauerlicherweise noch heute.

Hinzufügen muß ich, daß speziell die christliche Form des religiösen Selbstverständnisses im Abendland mit dazu beigetragen hat, daß der Mensch der Natur weitgehend entfremdet und mit anthropozentrischen Macht- und Herrschaftsansprüchen gegenübersteht. Es fallen nicht nur Bomben, es werden ganze Teile der Erde mit gutem Gewissen unter dem Druck der Überbevölkerung in alle Zukunft vernichtet. Die Menschen, die sich selbst zerstören, zerstören auch die Grundlage, von der sie leben. Von einer glaubwürdigen Art der Religion erwarte ich auch, daß sie den Menschen in einen verbindlichen Bezug zu der Welt setzt, die ihn ermöglicht hat und trägt.

Albus:

Herr Schorlemmer, das ist eher ein düsteres Bild, was sich hier abzeichnet. Sehen sie das auch so?

Schorlemmer:

Wenn man sich nichts vormacht, kann man das gar nicht anders sehen. Ich will nur noch zwei Dinge hinzufügen. Die tiefgründigen, geistlichen, geistigen Prozesse im Streit um das ‚filioque' haben damals schon zu Kämpfen geführt, die etwas Vernichtendes hatten. Wenn die Kämpfe im christlichen Raum so geführt werden, vernichten sich nicht nur Menschen; dann wird auch das vernichtet, worum es geht: um den ‚filius', den Sohn Gottes. Man hat aus den Jesusgeschichten, aus der Geschichte dieses Menschen, einen verbissenen Dogmenstreit gemacht. Sowie man anfängt, ausschließende Systeme zu entwerfen, ist Gefahr im Verzug.

Zur gegenwärtigen Situation: Es geht mir an die Substanz, es geht mir an die Seele, es geht mir an den Schlaf, was gegenwärtig in Bosnien passiert. Aus mehreren Gründen. Mich treibt einerseits Angst, daß daraus auch ein großer Weltkonflikt werden könnte, was eben nicht unwahrscheinlich ist. Der Kampf zwischen der Welt, die ein christliches Firmenschild hat, und der Welt, die ein moslemisches Firmenschild hat – wobei die Muslime das sehr viel ernster nehmen, gefährlich ernster nehmen als die Christen –, daß dieser Kampf dort ein neues „Symbol" findet.

Was mich andererseits noch mehr erschüttert, ist der Machtzynismus in Tschetschenien, mit dem eine Großmacht wie Rußland handelt, unter der Führung eines Mannes, der vom Westen hochgepriesen und stets hofiert wurde. Er erscheint wie ein unberechenbarer, grobschlächtiger Machtzyniker. Und er wirkt, wenn er mit dem Heiligen Synod zusammentrifft, dort wie ein Fremdkörper, benutzt die Kirche aber. Von einer geistigen oder gar geistlichen Durchdringung dessen, was in Rußland passiert, gibt es im Kreml der „Reformer" keine Spur. Und jetzt führt er einen Krieg, der möglicherweise schlimmer ist als der in Afghanistan. Das hat langfristige Auswirkungen.

Es sieht so aus, als ob der christliche Einflußbereich mit dem moslemischen zusammenträfe. Dabei sind es eigentlich nur lauter „Koppelschloßgötter", die mit verschiedenen Namen, aber in gleicher Funktion ins Feld geführt werden.

Das ist zynische Instrumentalisierung der Religion. Auch das hat Tradition bis dahin, daß die serbisch-orthodoxe Kirche vor zwei Jahren Herrn Karadžić, nachdem er schon einen Lyrikpreis bekommen hatte, einen Christusorden verliehen hat. Wie wollen wir da Mission betreiben, wir Christen ...

Drewermann:

Stellen wir uns mal vor, was im christlichen Abendland utopisch ist, der Sache nach aber ja möglich sein müßte – 2000 Jahre nach Christus: Es sollte der einzige Mann, der Politik und Religion in ehrlicher Weise zusammengebracht hat, der Inder Mahatma Gandhi – nehmen wir an, als Moslemführer – zur bosnischen Tragödie Stellung nehmen. Ich wage nicht, mir vorzustellen, was Jesus dazu sagen würde, aber gesetzt, Gandhi würde als Moslem sprechen, so könnte ich mir vorstellen, daß seine Worte etwa so lauten würden: ‚Wir Muslime hatten nicht das unerhörte Glück, mit fünf Jahren schon erzogen zu werden in der Wahrheit der Bergpredigt und die ewige Güte Gottes in den Worten des Mannes zu vernehmen, an den ihr glaubt. Wir hatten nur das Buch der Offenbarung des Koran. Aber da haben wir gelernt, daß in der fünften Sure steht: Wer eines Menschen Leben nimmt, der ist wie einer, der aller Menschen Leben nimmt. Und wer eines Menschen Leben rettet, ist wie einer, der aller Menschen Leben rettet. Wir hören, daß wir kämpfen sollen, um unseres Glaubens willen. Nun, laßt uns kämpfen um des Glaubens willen, indem wir zeigen, was die Menschlichkeit und die Wahrheit unserer Religion ist. Wenn euch der Titel eures Gottes aber nur dazu dienen soll, euren Anspruch auf unsere Häuser, Ländereien und Fabriken zu rechtfertigen, dann erklären wir hiermit, daß wir fortan nicht länger leben können in Häusern, die verschmiert sind mit dem Blut derer, die wir töten mußten, weil sie uns aus den Häusern vertreiben wollten, daß wir nicht siedeln können auf dem Boden, der das Blut derer getrunken hat, die wir töten mußten, um uns einzugraben gegen sie, und daß wir nicht länger in Fabriken arbeiten können, die ihren Hauptzweck darin hatten, Waffen herzustellen, um zu töten und zu töten. Wenn mehr als ein Zeitraum von zwei Drittel Jahrtausend uns nicht haben heimisch machen können unter euch Christen, dann bitten wir unsere moslemischen Brüder um Asyl. Ihr aber mögt aller Welt zeigen, 2000 Jahre nach dem Christus, was er euch wert ist, in welcher Art ihr Christen seid, und wir hoffen, daß es die Menschheit nie mehr vergessen wird.‘ – Was Grosny angeht, habe ich eine Hoffnung:

Es gibt einen russischen General, er mag an Gott glauben oder nicht an Gott glauben, und es gibt Frauen in Grosny, die ihn umarmen, und er erklärt: Meine Truppen werden nicht schießen! Er ist mit 19 anderen abgesetzt worden. Aber daß so etwas auch möglich ist, ist mir in Deutschland eine Hoffnung, die wir gerade dabei sind, in der Außenpolitik mit dem besten Gewissen die Militarisierung voranzutreiben, während wir im Grunde dabei nur die Verteilungskämpfe für das kommende Jahrhundert vorbereiten.

Es hat ja nie ein Christentum gegeben, außer in den ersten zwei Jahrhunderten, das gesprochen hätte, wie Origenes noch: „Wir Christen kämpfen nicht in der römischen Armee gegen Menschen. Wenn wir kämpfen, dann tun wir dies gegen die Dämonen, die die Kriege verursachen." Deren gibt es heute viele; sie heißen: Unterernährung, Analphabetismus, Ungerechtigkeiten aller Art.

Schorlemmer:

Dazu noch einen Aspekt, den ich vorhin zu nennen vergessen habe und der mich im Hinblick auf das, was in Grosny oder auch in Jugoslawien passiert, sehr beschäftigt: Das ist die Verführbarkeit, und zwar *meine* Verführbarkeit. Ich habe wahnsinniges Glück, daß ich dort gerade nicht lebe. Ich habe nur Glück, daß ich gerade nicht ein neunzehnjähriger Russe bin. Ich habe Glück, daß ich nicht ein Kraina-Serbe bin oder der Sohn einer bosnisch-moslemischen Familie. Ich beobachte dort die unglaubliche Verführbarkeit von Menschen und, vor allen Dingen, die Selbstreproduktion des Hasses. In einer Situation, in der das Grauen anfängt, siegt als erster der Haß, der das Grauen wiederum vergrößert. Und ich frage nach meiner Verführbarkeit, wenn ich da drin wäre. Ich habe gut reden, weil ich in so einer Situation gegenwärtig nicht bin. Dort wird Religion gewissermaßen wieder aus der Mottenkiste geholt, weil sie wieder gebraucht wird. Manche Völker haben gar keine Identität mehr gehabt, jedenfalls keine religiöse, wie die moslemischen Bosnier. Die werden da hineingezwungen, und die anderen moslemischen Staaten werden auch zur Solidarität gezwungen, weil sie Moslems sind. Die Religion wird hier eine nachkommende Legitimation, weil Menschen Identität suchen, die sie im Religiösen suchen, um dem Ganzen, auch diesem Krieg, wieder einen Sinn zu geben. Hier kommt wieder der fatale Heilige Krieg auf.

Ich zweifle am Menschen und damit auch an mir. Warum können wir nicht einsehen, daß alles, was dort in Tschetschenien gegenwärtig passiert, wirklich in tiefstem Sinne sinnlos ist – für die betroffenen Menschen jetzt und auch für die nächsten Generationen. Und dann sehe ich die Bilder der Frauen, die vor ihren zerschossenen Häusern sitzen und weinen, und die ein russischer General an die Hand nimmt und sagt: „Ich schieße nicht" – eines der ermutigendsten Bilder dieses Jahres überhaupt. Und zugleich sehe ich die amputierten Beinstummel eines russischen Soldaten im Krankenhaus, dessen ganzer Körper bebt und dem niemand wird erklären können, wofür er seine Beine verloren hat. Die Logik der Machtpolitik, mit religiöser oder anderer ideologischer Legitimation, reißt uns offenbar in Verhaltensweisen hinein, die wir „eigentlich" nicht wollen.

Drewermann:

Das Problem der Verführbarkeit scheint mir noch relativ lösbar. Ich spreche von mir selber: Ich war 17 Jahre alt, als die Aufrüstung der Bundeswehr betrieben wurde, und ich war mir darüber im klaren, daß ich niemals das Töten lernen würde auf Befehl. Es gibt eine Tötungshemmung im Menschen, die stark genug ist, sich der Verführbarkeit durch die Macht und durch den Zynismus schrankenloser Herrschaft über Menschen zu widersetzen. Was wirklich schlimm ist, besteht darin, daß man Menschen trainieren kann, bis sie diese Hemmungen abbauen. Nach jenem General, der sich verweigerte, werden russische Elitetruppen kommen, denen man mit Absicht jede moralische Hemmung ausgetrieben hat mit militärischem Drill. Da hat man Killer dressiert, die auf Befehl draufhalten. Und dann kommt die politische Heuchelei hinzu. Wir sagen: Diese Dinge sind uns gräßlich, weil sie unter unseren Augen geschehen, aber im Grunde sind sie weit weg. Ich kenne, vor allem im Westen, niemanden, der konsequent in den letzten 30 Jahren unter unseren Politikern auch nur die moralische Bereitschaft zum Atomtod problematisiert hätte. Ein kleines Beispiel: 1954 war die US-Navy im Pazifik auf den Angriffsbefehl auf Rotchina vorbereitet. Zwei Jahre nach dem Ende des Koreakrieges glaubte man, die chinesische Hydra, das Reich Mao Tse-tungs, amputieren zu müssen. Der Atomschlag, der vorgesehen war, hätte beliebig viele 100 Millionen Menschen töten müssen. Und es spricht alles dafür, daß es moralisch nicht die geringste Hemmung dabei gegeben hätte.

Das Beispiel zeigt: Wir haben dieses Killertum zum

Teil unserer Politik gemacht. Wir haben es ausgegeben als Teil der Verantwortung, die wir politisch tragen müssen. Wir haben jede Art von Bremswirkung der Menschlichkeit gegenüber diesem Typ von Politik verloren. Das müssen wir uns zugeben; und dann sollten wir noch in Betracht ziehen, daß es ja relativ weniger säkularisierte, nach unserem Geschichtsverständnis sogar weniger „entwickelte" Völker sind, die noch die Religion brauchen, um ihre Gruppenstabilität abzusichern; für uns genügt in der Bundesrepublik der demokratische Konsens. Aber wir manipulieren notfalls selbst die Begriffe Freiheit und Menschenrecht zur Ideologie unseres Vorteils.

Ein Bild aus dem Fernsehen ist mir dabei schrecklich in Erinnerung: Es war ein Bericht im ZDF über die Praktiken in der Abschiebehaftanstalt in Büren, in der Nähe von Paderborn. Da zeigte man einen jungen Armenier, der aus dem Bürgerkrieg in Aserbaidschan geflohen ist. Er wollte nicht töten (so wie es viele gibt, die auf serbischer Seite nach Deutschland geflohen sind, um nicht töten zu müssen. Genau diese Leute aber werden gerade in Hamburg zu Hunderten wieder umgedreht und zurückgeschoben – dahin, wo sie wieder töten müssen, wenn sie nicht zuvor als Deserteure standrechtlich erschossen werden!). Man hat dem Armenier die Bibel, die er umklammert hielt, mitgegeben als sein Reisegepäck zurück nach Armenien.

Solche Dinge tun wir derzeit in Deutschland mit gutem Gewissen der C-Parteien. Wir brauchen dafür gar keine „Religion". Uns genügt zu sagen, daß wir „Deutsche" sind. Das ist unsere Art des demokratischen Gruppenkonsenses; und wir haben nicht einmal kirchlicherseits einen wirksamen Protest dagegen! Es ist gar nicht nötig, Gott dafür aufzubieten, daß man Fremde, statt ihnen nach biblischer Weisung Gastrecht zu gewähren, einfach herausdrückt. Es genügt der blanke Zynismus, daß wir „die Einwanderungsquote auf Null fahren" und Menschen abschieben, die bei uns sind. Das ist mittlerweile ein geläufiges deutsches Wort im Bundestag geworden: Abschiebepraxis, ein Begriff aus dem Wörterbuch des Unmenschen. Menschen werden da zur Tür hinausgeschoben, und dahinter kann eine Fallgrube sein, dahinter kann das blanke Nichts sein – wir werden die Tür hinter ihnen schließen. Wir sehen sie einfach nicht. Aber wir stellen zur Zeit natürlich mit Bedauern fest, wie schlimm die Russen sind im fernen Tschetschenien. Und wie schlimm Karadžić ist im etwas näheren Bosnien. Leute, die so handeln, sind schlimm, gewiß, aber mir scheinen die Deutschen im Moment noch viel schlimmer, die selbst den Flüchtlingen, den Nichtverführten, die nein sagen, nicht die geringste Chance zur Alternative lassen. Was soll denn jetzt jemand, der in Bosnien sagt: ‚Ich mache da nicht mit', anders tun, als sich selber umbringen? Oder selber sagen: ‚Erschießt mich standrechtlich, denn nach Deutschland kann ich nicht.' Oder soll er sagen: „Haltet mich weiter als Kurden in Haft, weil ihr ja nicht glauben wollt, daß ich im Nato-Land Türkei sogleich wieder verhaftet würde?"

Schorlemmer:

Mir sagte neulich ein höherer Militär, man könne es akzeptieren, wenn es wirklich aus glaubhaften pazifistischen Gründen geschehe, man müsse nur niedere Motive davon unterscheiden. Ein niederes Motiv sei Feigheit, wenn also jemand nicht in den Krieg wolle.

Was heißt denn Feigheit? Angst, erschossen zu werden oder Angst, jemanden zu erschießen? Ist diese Feigheit nicht eine wunderbare menschliche Eigenschaft? Und Leben wollen, was ganz natürlich ist, und nicht im Krieg sein wollen? Selber leben wollen und andere leben lassen, ist für mich kein niederes Motiv.

Drewermann:

Darum muß man sagen: Das gesamte Militär und die Art der Politik, die es instrumentalisiert, besteht in der Maschinerie der Angst. Es geht zu wie in Adolf Hitlers „Mein Kampf": „Soldaten können sterben, Deserteure müssen sterben." Und wie gehen wir, 50 Jahre nach dem Zweiten Weltkrieg, mit der verschwindenden Minderheit der noch lebenden 70jährigen, mit den ca. 30000 Deserteuren, die es wirklich gegeben hat, um? Die konnten nicht, wie die Herren, die am 20. Juli gefeiert wurden, gegen Hitler persönlich aufstehen. Sie konnten lediglich ihre Knarre wegschmeißen und sagen: ‚Bei der weiteren Ermordung von unbekannt wievielen Millionen Russen beteiligen wir uns nicht mehr. Es ist Schluß. Wir machen da nicht mit. Wir laufen entweder über, oder wir tun, was wir können, um da auszuscheren.' Diese Menschen haben bei der letzten Bundestagssitzung 1994 um Gehör gebeten. Es ist ihnen verweigert worden. 50 Jahre danach wagen wir nicht zu sagen: Desertion kann eine Form des Widerstandes sein!

Wir müssen sogar noch genauer reden. Das Feldgesangbuch der katholischen Kirche zum Beispiel, herausgegeben im August 1939, gedruckt im Wissen, daß der kommende Weltkrieg geplant war und der Aufmarschbefehl im Grunde schon in den Lautsprechern steckte, bekam es Seite für Seite fertig, jeden Gedanken an Befehlswiderstand, an Desertion, an Untreue gegenüber dem Fahneneid den Leuten als Ungehorsam zugleich gegen Gott auszureden. Da wurde den Menschen systematisch das Rückgrat moralisch gebrochen durch diesen Typ von Religion und einer stets den Krieg rechtfertigenden Theologie, indem auf dem Koppelschloß auf dem Bauch der Soldaten geschrieben stand: „Gott mit uns." Das war der Gedanke des „Heiligen Krieges" aus dem Alten Testament im 20. Jahrhundert, das war eine Barbarei, die bis heute nicht aufgehört hat, schon weil 50 Jahre danach die Lügen immer weitergehen. Es war Kardinal von Galen, der spätere „Löwe von Münster", der 1935 den Fahneneid auf Hitler als Pflicht vor Gott einschärfte, es war Bischof Jäger in Paderborn, der 1942 von den Russen als Wesen sprach, die im Atheismus fast zu Tieren verkommen seien, es waren diese Leute, die wenige Jahre nach Kriegsende im Westen die Wiederaufrüstung betrieben. Die katholische Kirche war ihr entscheidender Motor.

Schorlemmer:

Ich will noch einen Gedanken hinzufügen. Der Ansatz in unserer Politik ist noch immer grundfalsch. Der Ansatz der Politik ist: Ein Krieg wird geführt, es gibt Sieger und Besiegte, es gibt Zerstörung und Leid, und dann bauen wir wieder auf. Für den Wiederaufbau ist uns dann nichts zu teuer, da setzen wir alles dran. Was wir brauchen, sind vielmehr Vermeidungsstrategien. Ich erinnere an das alte Wort Martin Luthers: „Für den Frieden darf dir nichts zu teuer sein." Der Frieden ist für uns offenbar zu teuer. Wir haben zum Beispiel den Jugoslawischen Krieg nicht austrocknen können, weil es uns zu teuer war, das zu machen.

Ich denke, daß die Religionen, die wir als Hochreligionen bezeichnen, in einem sich einig sind: daß sie sich in ihren Grundlagen nicht als Kriegs-Rechtfertigungsideologien eignen, aber immer wieder benutzbar sind. Eigentlich sind sie mehr auf Verhütung aus; der Mensch soll vor sich auf der Hut bleiben und nimmt dazu einen Gott zu Hilfe. Wenn die Frage nach der Religion wieder aufkommt, kommt sie als die Frage Hiobs wieder auf: ‚Warum, Gott, läßt du das zu?' – Man könnte auch umgekehrt sagen: ‚Warum läßt du uns soviel Freiheit?'

Drewermann:

Ich möchte Ihren Gedanken von vorhin noch einmal aufgreifen. Für den Frieden sollte uns nichts zu schwer, zu teuer sein. Aber selbst Martin Luther hätte sich sehr schwer getan, den Absolutheitsanspruch des dogmatischen Christentums aufzugeben, nicht nur den Türken gegenüber, auch den Katholiken gegenüber, auch den heidnischen Völkern gegenüber. Ein Hauptproblem scheint mir darin zu liegen, daß man Kriege nur führen kann, indem man die eigene Sache für rechtens erklärt. Das war bereits der Gedanke des Erasmus: Kein Mensch, der unter Todesgefahr tötet, kann noch den eigenen Standpunkt relativieren. Insofern wird die Religion, unter anderem, genauso aber die eigene Moral, als zusätzliche Motivation der Kampfkraft gebraucht. Sie wird im Falle, daß ein Krieg ausbricht, nicht mehr tötungshemmend wirken, sondern förderlich und unterstützend. Im Krieg muß man der eigenen Gruppe beweisen, daß jenseits der Demarkationslinien nicht mehr wirkliche Menschen existieren, für welche die Gesetze der Menschlichkeit in Anwendung kämen, vielmehr hausen dort fortan Monstren, Ungeheuer, Tiere, Gottlose, Wesen, die die Menschlichkeit bedrohen – und deshalb im Namen der Menschlichkeit ausgerottet werden müssen.

Dabei hat die Religion bis heute in der verfaßten Form (außerhalb des indischen Bereichs), soweit ich sehe, noch niemals eine hemmende Wirkung gehabt. Das schrecklichste Beispiel ist für mich, daß 2000 Jahre theologischer Debatten über die Möglichkeit oder Unmöglichkeit eines gerechten Krieges im Abendland mit Berufung auf die römische Staatsethik die „christlichen" Amtsträger aller Kirchen in Deutschland 1939 nicht gehindert haben, die Glokken zu läuten beim Überfall auf Polen. In genau der Stunde, da es im 20. Jahrhundert in Vorbereitung, Durchführung und Zielsetzung so erkennbar wie sonst nie einen durch und durch ungerechten Krieg gab, haben sie sich nicht gescheut, genau diesen Krieg zu unterstützen. Dieses Desaster der Unglaubwürdigkeit der verfaßten Religion war – für den Rest dieses Jahrhunderts, und ich hoffe sogar: für weite Teile des kommenden – der Abschied der denkenden und fühlenden Bevölkerung von der verfaßten Kirche der Hierarchen. Schlimmer ist eine Desavouierung aller heiligen Gottesrede unter Mitra und Chormantel nicht möglich.

Schorlemmer:

Dennoch gibt es ein paar Leuchttürme. Ich denke an die Hellsichtigkeit eines neunzehnjährigen Mädchens aus Ulm: Sophie Scholl. Sie hat, gegen die große Mehrheit, gesehen, was mit diesem Volk passiert. Sie ist sehr früh mit dem Begriff ,Vaterland' sehr kritisch umgegangen und hat als Neunzehnjährige, die gerade am Ende des vorhergehenden Krieges geboren war, eingesehen, daß das 1918 eigentlich endgültig hätte erledigt sein müssen. Das sind für mich Leuchttürme. Wenn es die nicht gäbe, müßte ich Ihnen voll zustimmen. Ich kann noch ein paar andere nennen, die zwar später erst zur Einsicht gekommen sind, aber dann mit großer Klarheit, wie Martin Niemöller. Wenn wir diese Widerstandsbewegung innerhalb der Kirche, innerhalb des Christentums nicht hätten, müßte man schier verzweifeln.

Ich will in diesem Zusammenhang noch einen Satz zur Gottes-Frage sagen. Wenn die Frage nach Gott kommt, dann kommt sie als Frage: ,Warum läßt du das zu?' Wer diese Frage stellt, rechnet noch damit, daß es jemanden gibt, der Schreckliches a) zulassen kann oder b) verhindern könnte. Wer aber gar nicht mehr damit rechnet, der ist ja doch viel ärmer dran, weil er sagt: „Wir sind gnadenlos mit uns allein."

Problematischer für mich ist, daß sich Menschen diesen Fragen gar nicht mehr genügend stellen angesichts von 24 Fernsehprogrammen, in denen solche Fragen so gut wie gar nicht mehr vorkommen. Da kommen hauptsächlich „Thriller" vor, aber nicht die Grundfragen des menschlichen Lebens.

Wenn ein Mensch sich überhaupt noch die Frage stellt: ,Warum läßt du das zu, oder sind wir denn mit uns allein, was machen wir denn dann?' dann habe ich Hoffnung. Diese Fragen werden kaum gestellt, in der sogenannten Öffentlichkeit nicht, auch nicht von den Politikern, die uns regieren. Deren geistiges Kleintaschenformat läßt das gar nicht zu.

Drewermann:

Ich glaube mit Ihnen an den Menschen, und ich glaube an die wegweisende Kraft von Ausnahmen im Widerstand. Mein Problem aber liegt darin, daß am Exempel des Dritten Reichs, 1935, als der Fahneneid der Wehrmacht auf Adolf Hitler eingeführt wurde, die christlichen Kirchen in Deutschland, insbesondere die römische Kirche, erklärte, daß der Fahneneid auf den deutschen Führer, Adolf Hitler, zugleich ein Eid ist, geschworen auf Gott, also gehalten werden muß. Alle katholischen Bischöfe des Großdeutschen Reiches haben auf Betreiben von Bertram in Breslau und Faulhaber in München (nach dem noch heute Straßen und Plätze in Bayern benannt werden) im Jahre 1941, beim Beginn des Feldzuges ‚Barbarossa', von einem Kreuzzug gegen den bolschewistischen Atheismus geredet. Man hat den christkatholischen Gläubigen, den ewig Allzugläubigen, offiziell nicht den geringsten Spielraum zum Neinsagen gelassen. Man hat denjenigen, die den Kriegsdienst trotzdem verweigerten und dafür in Haft saßen, sogar die Kommunion verweigert. Es gibt Beispiele dafür! Darin liegt mein Problem: daß 1935 ausnahmslos jeder, der älter war als 18, den Fahneneid leisten mußte, unter Androhung der Todesstrafe staatlicherseits, und daß die Kirche ihm erklärte: „Was sie dich hier zwingen zu tun, mußt du vor Gott halten, oder du riskierst sogar die Hölle! Selbst wenn du Menschen hier auf Erden behandelst wie die Teufel, selbst wenn du ihnen hier auf Erden bereits die Hölle heiß machst – du mußt den allmächtigen Gott fürchten." Diese Hoftheologie der Hierarchen läuft darauf hinaus, daß wir am Ende beim Sprechen von Gott kaum mehr noch wissen, wovon überhaupt die Rede ist, außer von der Ideologie des Machterhaltes und der Legitimation dessen, was gerade von den Mächtigen gewünscht wird. Da herrscht ein Denken, das offensichtlich so anpassungsfähig ist wie eine flüssige Magmamasse, die einem Vulkan entsteigt: je nach dem Gefälle des Berges wird sie erkalten und ihre Gestalt annehmen.

Umgekehrt freilich auch: Ich kenne Beispiele, wo Menschen sich geweigert haben, an irgendeinen Gott noch zu glauben, ganz sicher nicht an irgendeinen Kirchengott, aber diese Leute waren zum Widerstand fähig.

Ich höre jetzt deutsche Parlamentarier sagen: „Vor Kommunisten haben wir keinen Respekt". Aber gerade unter denen gab es solche wie Erich Mühsam oder Leute wie den Filmproduzenten und Regisseur G. W. Pabst, die konnten nach 1918, genauer gesprochen noch Anfang der 30er Jahre, warnen vor dem Krieg, der schon wieder heraufzog. Pabst zum Beispiel drehte einen der ersten Tonfilme unter dem Titel „Kameradschaft", dessen Spielhandlung so montiert war, daß ein Grubenunglück in Elsaß-Lothringen eine Schicht von Bergleuten eingeschlossen hat; auf französischer Seite verfügt man aber nicht über die nötigen Bergungsmittel, auf deutscher Seite schon; nur hindert am Tage der Schlagbaum einen freien Grenzverkehr, um den französischen Kumpeln Rettung zu bringen. Da sind es einfache Bergleute, die sich sagen: Was die da erleben, kennen wir! Wenn man in einer Kaverne von ein paar Kubikmeter Atemluft eingeschlossen ist und mit jedem Luftzug die Atemluft des anderen verpestet, wenn es stickig und heiß wird, wenn man die Grubenlampen ausmacht, damit nicht noch mehr Sauerstoff verbraucht wird, wenn die Ohren taub werden beim Hören auf Rettungssignale, die nicht kommen wollen; und schlimmer noch: wenn die Frauen an den Werkstoren stehen, mit den Kindern, und die Angestellten auf die Frage: ,Was macht mein Vater, was macht mein Mann?' keine Antwort wissen – das alles kennen wir, weil wir Bergleute sind. Und jetzt ist es uns scheißegal, ob die Herren Politiker immer noch ihren Weltkrieg weiterführen wollen. Wir, als Bergleute, holen die da raus. Unterirdisch hängen sowieso alle Strebs zusammen. Diese Geschichte war die Parabel eines Kommunisten, der sagte: Menschen, die menschliche Not fühlen, haben eine Chance, durch Ideologie nicht verwirrt zu werden; ganz gleich, ob es sich dabei um eine nationale, religiöse oder sonst eine Ideologie handelt. Für einen Kommunisten wie Pabst war es keine Ideologie zu denken, es gebe eine Internationale der Menschlichkeit; wie wir die dann organisieren freilich, das war und ist eine andere Frage. Aber fühlen können wir sie, und praktisch danach leben können wir. Da war und ist der Atheismus ein humaner Notschrei gegen eine Kirche, die nach wie vor Gott so verwaltet, daß es in Wahrheit zu nichts als zur Ausbeutung des Menschen dienlich ist.

Schorlemmer:

Zwei Gedanken dazu: Wenn wir heute wortreich einer Katastrophe, des Endes der Katastrophe gedenken, müßten wir gleichzeitig ‚60 Jahre danach' sagen, 60 Jahre nach dem Sündenfall der Kirche, die eine religiöse Rechtfertigung der Barbarei vorgenommen hat. Hier haben die Kirchen elementar versagt. Und zwar exakt zehn Jahre vor der Katastrophe. Mir wird nur eins klar, ich bin 50: Das ist alles erst vor 50 Jahren gewesen. Kaum noch etwas erinnert äußerlich daran. Wir müssen uns aber das, diese Katastrophe, nahekommen lassen, damit es uns nicht wieder geschieht, bis hin zu den religiösen Rechtfertigungen des Geschehens.

Das Zweite ist: Ich komme aus einem anderen Zusammenhang als Sie hier im Westen, glaube ich. Ich bin groß geworden in einer Kirche, die redlich versucht hat, sich in jener „wohlmeinenden" Diktatur, einer Welt-Erlösungs-Diktatur, aufrecht zu verhalten und die die pazifistische Grundabsicht, die friedenmachende Grundabsicht des Neuen Testaments, ernstzunehmen versucht hat. Ich habe erlebt, wie Glaube wirkte und Menschen mutig gemacht hat – etwa die pazifistische Hoffnungsvision, die jedes Jahr am Heiligen Abend bei uns gelesen wird, aus Jesaja 9. Bei uns hat das Wort eine viel stärkere Wirkung gehabt, in einer politischen Wirklichkeit, wo bestimmte Worte die Mächtigen zum Erschüttern bringen konnte. Sogar Poesie, sogar alte religiöse Poesie, sogar ein einziges Wort aus Micha 4 konnte ein System erschüttern. Nur weil sich ein paar tausend junge Leute – bei 16 Millionen Duckmäusern und Mitmachern! – einem Wort angeschlossen haben! Ich vertraue der tiefen Kraft der Hoffnungspoesie des Glaubens – wenn wir sie ernstnehmen und nicht zu rhetorischen Formeln verkümmern lassen.

Drewermann:

Klar: Ich sehne mich nach so einer Kirche. Und ich habe die Kirche im Osten bewundert, die unter dem Druck der Diktatur die relative Freiheit zum Widerstand gefunden hat ...

Schorlemmer:

... Gerade was den Wehrdienst anlangte ...

Drewermann:

... diese Freiheit setzt sich ja fort: Während die Protestanten noch darüber diskutieren, ob eine Militärseelsorge dieser Art überhaupt noch sein soll, hat Militärbischof Dyba in Fulda längst über 50 Stellen im Osten eröffnet. Das ist eine sehr bezeichnende Form der organisatorischen Parallelentwicklung beider Konfessionen, die noch nicht aufgehört hat.

Tatsächlich hat es im katholischen Rahmen gegenüber der Pazifismusfrage in der Adenauerzeit nicht den geringsten Spielraum gegeben. Die katholische Kirche hat erklärt, daß man kein Recht habe, sich im Falle eines ungerechten Angriffs auf sein Gewissen zu berufen und den Wehrdienst zu verweigern. Diese Position wurde allen Ernstes durchgesetzt und bis 1963, bis zum Zweiten Vatikanischen Konzil, durchgehalten. Man ist gerade dabei, daß man die Wehrdienstverweigerung als eine legitime Möglichkeit des christlichen Gewissens anerkennt, aber wir sind noch lange nicht so weit, den Pazifismus als Teil der weltpolitischen Verantwortung am Ende des 20. Jahrhunderts zu definieren.

Ich gebe deshalb mal ein kleines Beispiel für die faktische Unaufrichtigkeit, mit der wir heute sprechen – angelehnt an das Stichwort ‚Martin Niemöller', das Sie erwähnten: Vor zwei Monaten hatten wir auf dem Friedhof in Stukenbrock bei Paderborn eine Trauer- oder Gedenkfeier. Beim Vormarsch der Wehrmacht 1941, in den großen Kesselschlachten im Osten, sind Hunderttausende von sowjetischen Soldaten den Deutschen in die Hände gefallen, und es stellte sich heraus, daß man an die Logistik für Panzerwagen und Material, aber nicht an die Fürsorge für Gefangene gedacht hat. Mit anderen Worten: Es kamen Zehntausende Kriegsgefangene in die Nähe von Paderborn und wurden auf freiem Feld, zwischen Stacheldraht, eingepfercht. Beim damaligen Stand der Wirtschaft hätte die Bevölkerung am Ort diese Kriegsgefangenen gut versorgen können. Es wäre auch ein Leichtes gewesen, Notmaßnahmen zu treffen für eine provisorische Unterkunft. Tatsächlich aber ließ man die Menschen absichtlich hungernd und frierend wie Vögel unter dem Himmel sterben. Dicht in der Nähe der Stelle befindet sich heute ein Truppenübungsplatz der britischen Armee. Als Raissa Gorbatschowa vor zwei Jahren ihre gefallenen Landsleute dort besuchen wollte, hörte das Geschützgedröhn aus der Nähe auch nicht für fünf Minuten auf. Der wirkliche Skandal aber liegt darin, daß 1942, als sich im „Strafgefangenenlager" zu Stukenbrock der Tod von Zehntausenden vollzog, im Dom zu Paderborn, 30 Kilometer davon entfernt, der neugewählte Militärpfarrer und jetzige neue Bischof, der schon erwähnte spätere Kardinal Lorenz Jäger, nicht bloß nicht die Bevölkerung aufrief, jene Gefangenen zu unterstützen, sondern die Phrasen von dem „Untermenschen" im Osten aufgriff – den Kreuzzug gegen den Atheismus ausrief. 25 Millionen Menschen sind allein in Rußland umgekommen.

Die protestantische Kirche übrigens hat 1945 in Stuttgart immerhin ihr Schuldbekenntnis über diese Zeit abgelegt. Auf das Schuldbekenntnis der katholischen Kirche dazu warte ich immer noch.

Es scheint, wir müssen das Denken an dieser Stelle ein Stück vertiefen und zwischen den beiden Konfessionen doch einen gewissen Unterschied markieren. Der Protestantismus hat seit seiner Entstehung ein Gefühl für die Tragik und Gebrochenheit der Weltsituation entwickelt, bis hin zu den Fragen von Krieg und Frieden, aber auch für die unabgegoltenen Schwierigkeiten eines einzelnen, eines Individuums, sich inmitten dieser Welt zwischen Schuld und Gnade zurechtzufinden. Schon deswegen hat der Protestantismus dem Menschen in seiner Ausgeliefertheit einen großen Spielraum in seiner Verantwortung, im persönlichen Gewissen, zugestanden. Man hat es im Protestantismus als theologischen Anspruch begriffen, daß es nicht möglich ist, ein fertiges Gesetz an die Menschen heranzudrücken, das ein für alle Male festsetzt, was Gut und Böse ist und vorweg zu jeder beliebigen Situation schon im voraus weiß, wie die richtige Handlung auszusehen hat. Die katholische Kirche hat demgegenüber bis heute in ihrer Moraltheologie einem Denken Gefolgschaft geleistet, das normativ, im Rahmen einer zweiwertigen Logik, mit höchstem göttlichem Lehranspruch den Menschen vorschreiben zu können glaubt, was zu gelten hat und was nicht zu gelten hat. – Das jüngste Beispiel für den Willen der katholischen Kirche, an dieser Einstellung festzuhalten, ist die Enzyklika von Papst Johannes Paul II. aus 1993 „Splendor Veritatis“, in der er die immerhin zaghaften Versuche der Integration der existentialistischen Situationsethik im Verlauf der letzten zwanzig bis dreißig Jahre durch gewisse Kreise auch der katholischen Moraltheologie mit einer klaren Abfuhr beantwortet. Er möchte an der normativen Ethik festhalten, denn er spürt genau, daß ein Denken von den Menschen her, von ihren Motivationen, von ihren personalen Verbindungen, von der jeweiligen Situation her, in der sie stehen, den Machtanspruch einer Kirche naturgemäß bedrohen muß, die, gestützt auf die Bibel (d.h. auf ihre Art der Bibelauslegung) und ihre eigene Lehrtradition, als Wahrheitsgarant des absoluten Wissens den Menschen gegenübersteht.

Der Protestantismus hat von Anfang an im Kern der „Rechtfertigungslehre“ richtig begriffen, daß die Frage: ‚Was muß ich tun?‘ für jeden Menschen zu früh kommt. Die erste Frage darf nicht lauten: ‚Was muß ich tun?‘, sondern ‚Wer bin ich selber, wer darf ich sein, was darf ich hoffen?‘ In diesen Fragen allein liegen die entscheidenden religiösen Implikationen; und das Wissen, daß ein Mensch überhaupt nicht gut sein kann, ehe diese Fragen nicht beruhigend beantwortet sind, macht den Nerv der protestantischen Religiosität aus.

Der Katholizismus hingegen steht bis heute in der Gefahr, daß er Gott als obersten Gesetzgeber in einer Weise betrachtet, die substituierbar ist durch die herrschende Macht. Da ist die Moralität die entscheidende Grundlage der Religiosität.

Man unterschleift bei diesem Konzept im Grunde das christliche Wissen, wie radikal erlösungsbedürftig die Menschen sind, und im Endeffekt gelangt man damit zu einer völlig undialektischen Betrachtungsweise: Die katholische Kirche, indem sie nur das Gute und das Böse als die Parameter von Verantwortung definiert, muß schließlich, ob sie will oder nicht, selbst noch das Unverantwortbare rechtfertigen und in Einzelfällen das Verantwortliche unterdrücken und verbieten. Daran liegt es letztlich, daß sie selbst den Ausbruch des Zweiten Weltkrieges mit der Theorie des gerechten Krieges kommentieren mußte oder daß sie umgekehrt das Untragbare zur Pflicht auferlegt, wie zum Beispiel in manchen Situationen der Debatte aus dem Themenbereich des Paragraph 218: Selbst eine Frau, die ein Kind zur Welt bringt, das unheilbar krank ist, oder die selber bei der Geburt eines weiteren Kindes um ihr Leben fürchten muß, hat nach katholischer Auffassung kein Recht, im zweiten oder dritten Monat der Schwangerschaft, trotz erklärter medizinischer Begutachtung ihrer Situation, zugunsten vielleicht der zwei, drei Kinder, die sie schon zur Welt gebracht hat, sich gegen das werdende Leben zu entscheiden. Da wird das Unzumutbare zur Pflicht und umgekehrt das Ungeheuerliche zur Rechtfertigung.

Solcher Art ist die Folge einer solchen undialektischen, stets von außen her eindeutig zwischen den zwei Begriffen von Gut und Böse hantierenden, normativen Ethik, die Gott stets gebraucht, um die Ableitungen des eigenen Wertesystems und mit ihnen die eigenen Machtansprüche zu legitimieren. Ein solches System des Denkens ist durch keine Gottheit mehr in Frage zu stellen. Es existiert in metaphysischer Allgemeinheit, und keine noch so große Not eines einzelnen kommt dagegen auf. Gott wird da selber von vorneherein instrumentalisiert als oberster Gesetzgeber, der nur noch das zu sagen hat, was als Gesetz seiner Kirche ausgegeben wird: – Weit wahrer erscheint mir da in der Tat die Theologie Luthers, der gerade an der Gesetzesproblematik zerbrochen ist, um der Gnade eine Chance zu lassen, um Gott überhaupt wieder ins Spiel zu bringen, damit die Menschen menschlich(er) werden!

Schorlemmer:

Der Grundansatz des Protestantismus, den Sie eben beschreiben, ist sicher richtig. Nur ist offensichtlich die jahrhundertelange Tradition der katholischen Kirche sehr viel stärker geworden und der Protestantismus ist in eine Moralisierung – ohne höchste Moralinstanz in Rom – zurückgefallen. Das allgemeine Volksbewußtsein bis heute sagt ja nicht, die Konfirmanden sollten etwas von Gott erfahren und davon, daß Menschen sie selbst sein können und in Gott aufgehoben sind, um so besser das Leben bestehen und gestalten zu können, sondern sie sollen lernen, was „Recht und Ordnung" ist. Dieses Grundmißverständnis von Glauben, daß nämlich christlicher Glaube im wesentlichen einen Moralkodex überliefert, hängt uns tief an. Das wird natürlich gerade durch die katholische Kirche, die sich selber immer noch als *die* Kirche versteht, wie die SED im Osten sich als die Partei schlechthin verstand, immer mehr befördert, zumal, wenn die Kirche sich im wesentlichen nur zu Moralfragen äußert, von oben herab äußert, und dies in einer Weise tut, die mit dem realen Leben und dem Bestehen der Konflikte im realen Leben kaum noch etwas zu tun hat, außer daß so Menschen noch in zusätzliche Konflikte gestürzt werden, statt sie aus ihnen zu befreien. Dies könnte eigentlich nur geschehen, wenn man die Umkehrung der Fragen ernst nimmt, die Sie vorhin beschrieben haben, also zunächst zu fragen: ‚Wer bin ich? Wer darf ich sein?' – und dann sich auch zu fragen: ‚Wer soll ich nicht sein? Wer brauche ich nicht zu sein, und wer werde ich trotzdem? Und wie kann ich trotzdem leben, selbst dann, wenn ich dem widersprochen habe, was meinen Grundüberzeugungen vom Leben entspricht?' Glauben heißt dann, etwas von Schuld und Vergebung zu wissen, ganz tief und ganz konkret.

Drewermann:

Ich stimme Ihrer Beurteilung des Protestantismus faktisch natürlich zu. Auch ich sehe eine tiefe Tragik in der Geschichte des Protestantismus darin, daß er unter dem Druck des römischen Katholizismus und des Kaiserreichs sich sehr früh, gleich schon in der Anfangsphase, an die Fürsten anlehnen mußte und damit sogar unterhalb des Systems der hierarchischen, aber universalistischen Organisation der katholischen Kirche geblieben ist. Der Protestantismus wurde dadurch nicht nur regionaler, sondern sogar noch machtabhängiger, als es der römische Katholizismus in sich selbst schon war. In diesem Sinn hatte der Protestantismus ja nie eine Chance, zu seiner eigenen Überzeugung, zu seinem wirklichen Niveau aufzuwachsen. Die Anlehnung an die Staatsmacht war zum Teil noch schädlicher als die Verinnerlichung der Macht im römischen Kirchenstaat, dem man immerhin seit der Säkularisation, seit 200 Jahren, in den Folgewirkungen der Französischen Revolution, die Zähne der irdischen Gewalt hat ziehen können, bis auf das Schrumpfreich des heutigen Vatikanstaates, eines Undings, das darin besteht, auf Erden eine Religion einzurichten, die sich als Staat im völkerrechtlichen Sinn etabliert hat. Nicht einmal die Muslime tun das, die Protestanten sicher nicht, die Buddhisten ganz bestimmt auch nicht. Ausgerechnet aber mit der Botschaft des Mannes aus Nazareth, mit dem durchaus kein Staat zu machen ist, hat man, in sonderlicher Verschmelzung mit dem Römischen Reich der Cäsaren, heute immer noch einen römischen Kirchenstaat. Wir würden viel klarer sehen, wenn wir dieses Ungebilde abschaffen könnten.

Zur Situation heute glaube ich, daß wir in beiden Konfessionen, Protestanten wie Katholiken, in der Gefahr stehen, in einer säkularisierten Gesellschaft die Lücke der Legitimation für die bürgerlichen Werte schließen zu sollen. Das Desaster des Dritten Reiches hat uns mindestens darüber nachdenklich gemacht, ob es denn stimmen kann, daß Werte hervorgehen durch die Dezision der Macht. Wenn das nicht sein soll, wenn sogar im Gegenteil humanistische Werte eine Instanz bilden sollen, die herrschende Macht abzuwählen oder zu stürzen, so stellt sich natürlich die Frage, wo der Bezugspunkt solcher Werte liegt. Im Menschen, sicherlich. Aber wieso im Menschen, wenn der Mensch derart verführbar und manipulierbar ist, wie wir es eingangs beschrieben haben. An dieser Stelle werden die Kirchen als Ideologieträger zur Konsolidierung, wohlgemerkt nicht der Werte an sich, wohl aber der bürgerlichen Durchschnittswerte gebraucht, und sie gefallen sich offenbar lediglich darin, die bürgerliche Durchschnittsmoral noch an den Rändern ein bißchen zuzuspitzen und sich darin „kritisch" zu geben. Anders kann das kaum sein, solange die Kirchen in Deutschland derart abhängig vom Staat sind, der ihnen die Kirchensteuermittel bereitstellt: Da bleiben sie, wie ein Hund an der Kette, genötigt, der staatlichen Macht ihre Dressurakte vorzuführen. – Auch dafür ein kleines Beispiel: Es gibt in Bayern einen gerade neugewählten mutigen Bischof von Loewenich, der in Fragen der Asylantengesetzgebung vor einem Jahr noch zu einem energischen Protest geneigt war. Dem wurde bedeutet, daß man nach der nächsten Wahl ja die FDP, von der man glaubte, daß sie in den Bundestag kommen werde, von der Leine lassen könnte mit dem Antrag, die Kirchensteuer abzuschaffen. Dieser Wink mit dem Zaunpfahl eines CSU-Ministers war Grund genug, wieder staatskonform zu werden, wenngleich der bayerische Innenminister Beckstein von den Abschiebegesetzen den grausamsten Gebrauch macht. Immerhin, Landesbischof Loewenich hat protestantischerseits protestiert, von dem katholischen Kardinal Wetter hörte man derweilen gar nichts. – Da ist die Situation der Kirche im Osten, von der Sie ausgehen, Herr Schorlemmer, fast günstiger für ein christliches Bekenntnis gewesen als die im Westen. Die ist seit 1948 so korrupt, daß ich fürchte, sie wird jetzt nach der Wende auf ganz Deutschland ansteckend wirken, wenn wir nicht eine wirkliche Trennung von Staat und Kirche, speziell in der Kirchensteuerfrage, durchsetzen können. Es ist ja eine Sondersituation, von der wir hier in

Deutschland reden, wenn wir von der „Kirchensteuer" reden – weltweit ein Unikum.

Schorlemmer:

Der Protestantismus hat sich einerseits neuen Herren an die Brust geworfen und ist zu einer Art Stabilisationsideologie geworden, wie der Katholizismus auch, nur in kleineren Einheiten, im doppelten Sinn von „kleiner". Auf der anderen Seite aber hat sich, wie das immer ist, etwas vom Grundanliegen im Protestantismus bewahrt, insbesondere in unseren Liedern. Die ganz religiösen, tief theologischen Lieder Luthers sind höchst politische Lieder, wenn man sie so zu singen versteht. Ich glaube, der Protestantismus lebt im wesentlichen von solcherart gesungener Reformation: vom Vorrang der Gnade vor dem Gesetz. Das heißt eigentlich, vom Vorrang der Liebe vor der Forderung, die von außen kommt, über den Menschen kommt, von Liebe, die ihm zukommt und die er dann geben kann, und nicht umgekehrt. Ich denke an ein Lied, in dem es heißt: „Mir ist Erbarmung widerfahren, Erbarmung, derer ich nicht wert." Was steckt da für eine Selbsterkenntnis drin: Ich bin dessen eigentlich nicht wert, „das zähl' ich zu dem Wunderbaren, mein stolzes Herz hat's nie begehrt". Nun kann man heute sagen: Das ist Reimerchenpoesie. Aber wenn man das ernst nimmt, ist das etwas ganz Wichtiges für ein neues Selbstbewußtsein eines Menschen, der redlich in den Spiegel gucken kann. Er braucht sich nicht zu belügen, er braucht nichts zu beschminken: ‚Ich bin das nicht wert, aber ich kann leben!' Er muß sich aber nicht künstlich erst mit langen Beichtpraxen, wo er sich überlegen muß, was er alles Schreckliches im einzelnen gemacht hat, von diesen kleinen „Sündchen" entledigen, sondern er kann sich seinem Grundwiderspruch stellen. Ich glaube, daß nur der Mensch wirklich frei wird, der befreit wird, sich seinem Grundwiderspruch zu stellen. Insofern ist es schon richtig, wenn für Luther Römer 7 im Mittelpunkt steht: ‚Strick ist entzwei und wir sind frei'. Ich kann die Fragen, wozu ich jetzt frei bin, für mich stellen und ein Leben mit Atem-Freiheit entdecken. Wenn der Protestantismus heute indes mehr als ein selbstquälerisches Institut erscheint, kann einem angst und bange werden. Kirchenamtliches Reden macht zudem die Sprache blutleer, das Sprechen blutleer, wie die Sprecher blutleer erscheinen. Da ist dann alles vorbei. Davon geht dann keine Kraft mehr aus. Man lese einmal den Rechenschaftsbericht der letzten EKD-Synode ...

Drewermann:

Nochmal so. Sie mögen recht haben, daß in den Gedanken Luthers, speziell zur Rechtfertigungs- und Gnadenlehre, eine eminent politische Sprengkraft liegen könnte, nur ist dem Reformator selbst ja bereits die Zündschnur unter Wasser geraten durch das Auftreten des Thomas Müntzer – die Phobie vor dem Eichsfeld! Die Flucht vor den „Schwärmern" in die Arme und zu den Armeen der Fürsten!

Das andere nun hängt damit zusammen: Der Katholizismus hat alle Fragen zwischen Gott und Mensch an eine routinierte beamtete Verwaltung abgegeben. Da wurde aus der Sünde das Hersagen eines Sündenbekenntnisses nach der Schablone des „Beichtspiegels", verbunden mit dem quasi magischen Ritualismus der Lossprechung durch den geweihten Priester. Nach der Formel des „Beichtsakraments“ hatte der Katholik zu glauben, daß Gott ihm „amtlich“ und „objektiv“ vergeben habe. Da übernimmt die Kirche all das, was im Grunde, protestantisch betrachtet, in die Verantwortung der Existenz des Einzelnen fällt. Das Problem in der Verkündigung der protestantischen Kirchen sehe ich darin, daß der wunderbare Satz des Martin Luther, begnadet zu sein als ein unwerter Mensch, die Seelsorger vor das Problem gestellt hat, den Menschen erstmal beibringen zu sollen, daß sie „unwert“ sind. Um das zu tun, brauchte man in aller Regel dann doch wieder die moralischen Satzungen, an denen gemessen jeder als ein Sünder sich erblicken konnte oder sollte. Das Dilemma liegt darin, daß die heutige Form von Theologie in beiden großen Konfessionen immer noch von einem Menschenbild ausgeht, das sich im wesentlichen reduziert auf Verstand und freien Willen und damit die sechs Siebtel der Psyche, die im Unbewußten liegen, nicht wirklich zur Kenntnis nimmt. Dieses Menschenbild vermag nicht, die faktische Unfreiheit, die Not, das Leid der Menschen, ihre Zerbrochenheit, ihr Suchen, ihre Aussichtslosigkeit so zu artikulieren, daß sie sich darin verstanden fühlen könnten. Würden wir, statt von „unwert“ zu sprechen, von „entfremdet“, von „am Boden liegend“, von „desillusioniert“, von „bitter geworden“, von „arm“ und „armselig“ sprechen, und dabei die Erfahrungen ansprechen, die die Menschen wirklich machen, so benötigten wir einen Sprachhorizont, der nicht mehr kirchlich festgelegt ist, sondern der sich im Alltag selber mitteilt. Wir müßten folglich wegkommen von der Verkündigungssprache, von der

2000 Jahre alten Bibelrede, von der 1500 Jahre alten Sprache der kirchlichen Dogmen, – im Grunde von der Ausdrucksweise der Mythologie der Spätantike in platonischer beziehungsweise aristotelischer Begriffsprägung plus all den Zusatzvarianten, die wir uns in den einzelnen Kirchen als lieb gewordene Phraseologie zur Sonderpflicht gemacht haben.

Wer heute beispielsweise sagen würde, er rede nicht länger von „Sünde", wie ich es 1991 meinem Bischof, J. J. Degenhardt in Paderborn, schrieb, gerät augenblicklich unter Anklage, daß er an Sünde nicht glaube. Tatsächlich aber nehme ich den Begriff nur sehr viel ernster, als es im Schatten der traditionellen Sprachregelung möglich ist. Es war der Versuch Sören Kierkegaards vor 150 Jahren bereits, zu sagen, „Sünde" – das ist, was sie auf den Kanzeln reden, aber dieses Gerede wird keinem zum Erlebnis, weil die da reden, keinerlei Angst noch Verzweiflung kennen. Also, schlug er vor, reden wir doch von Angst und Verzweiflung! Da weiß plötzlich ein jeder, was gemeint ist. Und wollten wir sogar sagen: Es ist ein Gott, der dich trägt in deinen Ängsten, und diese Ängste zählen wir jetzt auf, und von deiner Verzweiflung sprechen wir, die beschreiben wir und zeigen dir dann, wie die Botschaft Jesu darauf eine Antwort ist, so hätten wir gewiß eine ergreifende Art der Verkündigung vor uns. De facto aber findet dergleichen heute wesentlich nicht in der Seelsorge statt, sondern in der Psychotherapie, und zwar außerhalb der Kirche, die es nicht für legitim findet, ihre Sprachformen auf nicht festgelegte, noch nicht verwaltete Begriffe hin zu öffnen. Die Kirche fürchtet – in gewissem Sinne zu Recht! – um ihren Machterhalt, der ja wesentlich darin gründet, die Sprachspiele festzulegen, die papageiengleich nachzureden sind, um als Katholik, als Protestant, als Christ insgesamt, identifizierbar zu bleiben. Wer demgegenüber eine offene Sprache gebraucht, der ist bereits ausgeschlossen. Nur: Genau das sollten wir tun, den Menschen zuliebe! Und auch der Sache Jesu zuliebe, der genau das nicht getan hat, im Sinne der Theologen seiner Zeit die Schriftrollen rauf und runter, nach Maßgabe der Autoritäten, die ihm vorausgingen, zu kommentieren oder im Tempel von Jerusalem einer stets eifersüchtigen Gottheit immer von neuem blutige Tieropfer darzubringen! Gerade Jesus hat die Sprache der Leute vom Lande geredet. Das allein schon war in sich selbst revolutionär, denn es unterhöhlte die Verwaltungssprache der etablierten Theologie. Jesus wollte den Tempel öffnen für all die Leute, die er mitbrachte: lauter Ausgegrenzte, und sogar noch für die Heiden. Nur deshalb können wir uns ja, die wir aus den Heiden sind, auf den Juden von Nazareth berufen, weil er das gewollt hat! Aber es war von vornherein der Bruch mit der verfaßten Religion. Das Christentum heute hingegen scheut sich, die Tat des Mannes von Nazareth als Grundlage und Beispiel aufzugreifen. Wir bekennen „Christus", wir beten ihn an, wir haben für ihn Hunderte von abgesicherten Formeln, in denen wir von ihm sprechen müssen. Doch das wirklich zu tun, was er uns vorgelebt hat, würde die verfaßte Kirche bedrohen. Drum stehen die Menschen, wie in Kafkas Erzählung von der kaiserlichen Botschaft, am Fenster und warten auf etwas, das aus dem Palast der kirchlichen Hierarchen nicht kommen will und nicht kommen kann.

Albus:

Wir kommen auf den Punkt der verfaßten Religion sicher noch einmal in dem Gespräch zurück. Jetzt möchte ich Sie beide fragen, was bisher schon angeklungen ist, welches positive Bild von Religion Sie haben? Oder, anders gefragt: Welche Religion braucht der Mensch?

Schorlemmer:

Ich glaube nicht, daß unsere modernen Interpretamente, so gut sie sind, das ersetzen und ausfüllen können, was sich in der überlieferten Sprache verdichtet hat. Wir können immer nur versuchen, neue Interpretamente einzubringen, müssen aber das Alte wirklich stehen lassen, weil ich sonst zu große Verluste spüre. Wir sind es den Menschen schuldig, zu sagen: Das, was wir jetzt sagen, sind unsere Interpretamente für etwas, was unendlich unsagbar bleibt, letztlich unsagbar bleibt, letztlich unfaßbar, letztlich immer größer als das, was wir erklären können. Ich würde zum Beispiel auf das Wort ‚Sünde' in seiner ganzen Sperrigkeit nicht verzichten. Oder wenn ich einen Text, wie beispielsweise Römer 7 nehme: Der Text ist eigentlich sehr unverständlich. Wenn ich aber als Verantwortlicher für eine Gemeindeversammlung mit diesem Text zunächst einmal so umgehe, daß ich ganz und gar ein Hörender werde, ihn lese und nochmal lese, und zwar laut, bis ich ihn dann höre und ihn dann so spreche, daß der Hörer ihn ganz in sich aufnehmen kannt. Das ist etwas sehr Spannendes. Das gelingt manchmal mit einem einzigen eingefügten Nebensatz, den man als solchen erkennbar macht. Und da wird einem plötzlich klar, worin das Elend des Menschen besteht, und dann wird der, der das erkennt, einer unerwarteten Befreiung gewahr. Wenn da am Schluß der Satz gehört wird: „Ich armer elender Mensch, wer wird mich erlösen vom Leibe dieses Todes?" Und dann einfach kommt: „Ich danke Jesus Christus". Also der Mensch wird ans Ende geführt, merkt diesen Schnittpunkt von Ende und Anfang, in diesem Moment! Wenn ich den Text aber einfach nur wie ein Kommuniqué lese – und das werfe ich den Kirchen vor, daß sie diese Texte einfach verderben durch die Art, wie sie sie einbringen –, dann werden wir diesen Widerspruch nicht bemerken.

Wenn wir des Widerspruchs zwischen den Einsetzungsworten zum Abendmahl und der Art, wie die Kommunion gefeiert wird, nicht mehr gewahr werden können, glaube ich, kommt die Sache uns auch nicht nah. Sollen die Texte in ihrer Sperrigkeit geradezu nicht mehr nahekommen, sondern nur noch das, was die Institutionen weitervermitteln? Also: Die Hörfähigkeit der Redenden hat etwas mit der Zuhörfähigkeit der Hörenden zu tun, und das hat wiederum damit zu tun, wie weit wir den Menschen erlauben, durch unsere Art Kirche zu sein, mündig zu werden.

Ich frage nochmal auf die Bemerkung zur Tiefenpsychologie hin. Heißt das denn nicht, sehr geehrter katholischer Kollege Drewermann, daß die Tiefenpsychologie Luther gegen Erasmus recht gibt?

Drewermann:
Natürlich.

Schorlemmer:

Eben weil wir nicht Herr im eigenen Hause sind. Die Frage nach dem freien Willen, die heute angeblich kein Mensch mehr versteht, bestimmte die Diskussion zwischen Luther und Erasmus, und das ist hochaktuell.

Drewermann:

Ja, natürlich. Das wäre mein dringlicher Wunsch, daß man Luther endlich interpretieren würde mit den Mitteln, die in der Anthropologie im 20. Jahrhundert möglich sind. Luther hat zutiefst von psychologischen Erfahrungen her gesprochen. Aber die Theologen heute nehmen den Menschen die Seele weg und projizieren sie in den lieben Gott hinein. Sie sprechen von Gott sehr viel und wissen vom Menschen gar nichts oder nur sehr wenig. Daraus wird am Ende eine Entfremdungssprache. Da wird das Eigenste dem Menschen gestohlen. Es ist genau der Zustand, den Feuerbach um 1840 beschrieben hat: eine Religion im Projektionszustand, in der das Eigenste nach außen verlagert wird und dann als Bedrohung, statt als Erlösung auf den Menschen zurückkommt.

An dieser Stelle, glaube ich, müssen wir den Einwand, den Sie sich selber ganz am Anfang des Gesprächs schon gemacht haben, nochmal sehr ernst nehmen. Es ist ja kein Zufall, daß die Kirchen, spätestens seit dem 4. Jahrhundert, mit ihren christologischen Dogmen immer wieder Gewalt ausgeübt haben. Die gesamte Dogmengeschichte der Kirche ist eine Geschichte der verfaßten Macht, die die Sprachspiele instrumentalisiert und die Grenzen festlegt, die zwischen Menschen zu ziehen sind. Ich denke, wir sind uns beide einig, daß dies das Widerspiel des Anliegens Jesu selber ist, ein Verrat an der Sache des Mannes aus Nazareth, der das nicht wollte ...

Schorlemmer:
... jede Trennung ist ein Widerspruch ...

Drewermann:
... freilich! In der Kirche, zwischen den Kirchen, zwischen den Christen und Nichtchristen – das hört ja gar nicht auf – zwischen Christen und Juden insbesondere! Da wird die Macht eines dogmatischen Wahrheitsanspruchs zum Herrschaftsinstrument eines fiktiven Gottes, indem man Menschen im Amtsapparat selber mit einer göttlichen Aura umkleidet. Es scheint mir außerordentlich problematisch, diese Sprache immer noch zu konservieren, statt zu beseitigen, eine Sprache, an der so viel Blut klebt, an der so viel Verführung und begriffsfetischistische Magie, so viel leergeredeter Ritualismus hängt. Das zum einen.

Zum zweiten: Ich sehe natürlich in der Psychotherapie jede Woche Menschen vor mir, die bestimmte Begriffe einfach nicht mehr vertragen, schon infolge ihrer individuellen Biographie. Ich habe Menschen vor mir, die, wenn sie von Sünde hören, innerlich aufschreien, so sehr hat man sie gequält damit. Außerdem sind für sie alle möglichen Begriffe der traditionellen Theologie mit Assoziationen verknüpft, die ihnen hinderlich im Wege stehen und auch uns Theologen frustrieren. So haben auch wir das nicht gemeint, wie es da schließlich verstanden wird – etwa daß „Sünde" im Grunde nur noch im Bereich des sechsten Gebotes vorkommt –, alles andere interessiert die Leute ja nicht mehr! Ich glaube, daß Paul Tillich völlig recht hatte, wenn er zum Beispiel sagte, ein Begriff wie Erbsünde sei nicht mehr zu retten, wir müßten ihn ersetzen durch Worte, die die Leute verstehen könnten. Wollten wir aber jetzt sagen, wie Paulus in Römer 7: „Ich tu die Dinge, die ich nicht will, und das, was ich nicht will, genau das passiert mir", so würden wir reden von Begriffen, die im philosophischen Raum heute bezeichnet werden als ‚Gegenfinalität' oder als ‚Fremdbestimmung' in der Sozialphilosophie oder als ‚Durchbruch des Verdrängten' in der Sprache der Psychoanalyse. Mit solchen Begriffen könnten wir den Zugang zu einer Fülle von Erfahrungen zurückgewinnen, die sich anhand von Römer 7 vermitteln ließen. Und es würde am Ende ja nicht heißen, „wer befreit mich aus dem Leib des Todes?" Es würde heißen: „Ich sitze hier und kann nicht weiter. Dies, was ich lebe, ist kein Leben." – Wir können natürlich den Paulustext nicht völlig beliebig übersetzen, aber ich glaube nicht, daß wir durch eine verbesserte Phonetik und Rhetorik, die ich dem Predigerseminar zu Wittenberg natürlich wünsche, das Problem gelöst kriegen.

Schorlemmer:
Die Interpretamente, die Sie einbringen, sind ja Ihre große Stärke. Sie sind ein großartiger Hermeneut. Aber ich wünsche der Bibel nicht, daß wir dafür eine Drewermann-Bibel oder eine Küng-Bibel brauchen. Die Bibel selbst brauchen wir …

Drewermann:
… ja, sicher …

Schorlemmer:

... damit wir uns so daran reiben, daß Drewermann und andere uns helfen, den Bezugsrahmen herzustellen, der darin steckt.

Drewermann:

Wir dürfen nicht vergessen, daß wir bei allem Ersetzen Übersetzer bleiben. Das ist ganz sicher so.

Ich gebe aber noch einmal ein zentrales Beispiel, um das Dilemma zu verdeutlichen. Die gesamte Christologie der kirchlichen Dogmatik hat es zu tun mit dem Bekenntnis zu Jesus als dem „Christus". Doch schon bei diesem Wort geht es los, daß wir in den Schulen erklären müssen, „Christus" – das ist soviel wie der Messias, und beides: Christus oder Messias, heißt „der Gesalbte", und das wieder bedeutet, daß Jesus der „König" aus Israel ist. Aber wenn wir dann endlich soweit sind, Griechisch in Hebräisch und dann Hebräisch in Deutsch übersetzt zu haben, so müssen wir einen Begriff verwenden, der seit zweihundert Jahren politisch tot ist und in der gesamten politischen Kultur des Abendlandes nicht länger als wünschenswert erscheint. „Könige" sind entweder bloße Statisten des Zeremoniells der Macht im Rahmen der konstitutionellen Monarchie im demokratischen England, Holland und Schweden, oder sie sind gefährlich. Es kommt hinzu, daß wir nicht mehr bloß keinen Wertbegriff unter dieser Formel ‚Jesus ist der König' transportieren können, es kommt hinzu, daß Jesus selber, in Markus 8, sich weigert, ausgerechnet diesen Begriff für sich anwenden zu lassen: Er verbietet es Petrus, in der Öffentlichkeit davon zu reden, daß er der „Messias" sei, offensichtlich weil er ahnte, was passieren würde, wenn das erst losginge: Ist er der König, wird man bald viele Hofbeamte haben! Das genau wollte er nicht. Wenn er von sich redete, sprach er von dem Menschensohn. Auch diesen Begriff werden wir aus der spätjüdischen Apokalyptik übersetzen müssen – als lebendig gelebte, persongewordene Menschlichkeit. *So etwas* wollte Jesus wirklich leben und lebendig sehen. Würden wir jetzt aber sagen: „Jemand, der in allem, was er zu dir spricht, dir zu verstehen gibt, daß er an deiner Seite steht, daß er mit dir durch die Angst geht, daß er dich nicht im Stich läßt, daß er dein Freund ist, daß er aufsteht gegen alles, was dich unterdrückt, daß du zu ihm kommen kannst, um mit ihm zu sprechen in deiner Einsamkeit, daß er dich tröstet in der Sinnverwirrtheit deiner Angst" – dann ergibt sich die Frage rein sekundär, wie man so jemanden bezeichnen kann. Man kann ihn mit Fug und Recht den „Widerstandskämpfer", den „Revolutionär" nennen, den „Verweigerer", den „Pazifisten" in dem Raum, den wir eben ansprachen – man kann ihn auch nennen: den „Arzt", den „Freund", den „Liebenden", den „Begleiter", den „Tröster". Das alles sind menschliche Worte, solche also, die Jesus gefallen hätten. Anklänge davon gibt es im Neuen Testament auch. Aber wir haben uns theologisch seit 1700 Jahren festgelegt auf einen einzigen Kernbegriff: „Christus" und „Gottessohn", Worte, die so mißbrauchbar sind, wie wir sie in der Geschichte mißbraucht finden. Wie sollen wir Jesus also anders verkünden, als indem wir von den alten, ehrwürdigen, doch irreführenden Worten Abschied nehmen? Wir hören auf, „Christen" zu sein, indem wir Menschen werden und das bißchen tun, was Jesus vor Augen stand! Das Gottesreich wäre zum Greifen nah, wenn wir es nicht auf die lange Bank schöben! Wir würden die Gottunmittelbarkeit leben, die Jesus wollte; wir brauchten nicht länger ein unfehlbares Lehramt, sondern wir trauten Gott zu wie am Pfingstmorgen, dieser eigentlichen Gründungsstunde der Kirche, daß Gott aus dem Herzen eines jeden einzelnen zu allen anderen spräche.

Albus:

Herr Schorlemmer, ich bleibe bei meiner Frage von vorhin: Was ist für Sie Religion, und welche Religion ‚braucht' der Mensch?

Schorlemmer:

Ich habe einen sehr, sehr weiten, gut protestantischen Religionsbegriff. Überall, wo Menschen sich wesentliche Fragen stellen, sich von der Oberfläche der Dinge zur Sache selbst hinbewegen, dort kommt etwas ins Spiel, was wir das wunderbare Geheimnis des Lebens nennen, wo wir zum Grund der Dinge kommen. Ich finde den Begriff von Paul Tillich unüberholbar, er ist auch biblisch: Gott ist die Tiefe. Wo ich anfange, die Tiefe nicht als ein Abrutschen, In-die-Tiefe-Fallen, sondern als eine Vertiefung erlebe, wobei die Vertiefung nicht etwas ist, was zum Hocherlebnis des Glücks im Widerspruch stünde, sondern wo ich merke: Hier bin ich dicht dran, hier bin ich dran am Leben selbst. Das ist für mich die religiöse Grundfrage: Bin ich am Leben selbst, bin ich dabei auch bei mir selbst? Und indem ich bei mir bin, bin ich auch bei dem Wunder dieses Baumes da und dem Wunder des Augenpaars meines Gegenübers oder beim Wunder des zweiten Satzes aus Brahms' Violinkonzert. Das ist für mich eigentlich die letzte, die religiöse Frage. Ich glaube, wir können gar nicht Mensch sein, wenn wir uns diese Frage nicht mehr stellen. Da habe ich Angst um uns, wenn die Rituale unserer Welt sich mehr dazu sich eignen, uns davon wegzuführen. Davon ist erstmal unabhängig, wie jeder im einzelnen diese Frage beantwortet, wenn er sich von der Oberfläche zum Grund der Dinge hinbewegt. Religiös ist jemand, der sich Fragen stellt, die nicht beantwortbar sind und nicht aufhört, sie zu stellen. Einer, der religiös ist, der sucht nach einer Rückbindung, die für ihn nichts Umklammerndes hat, sondern die ihm ein Stückchen Geländer gibt zum Gehen in beständiger Gefahr. Eine Rückbindung, die ihn dazu führt, Rücksicht zu nehmen, auf sich und auf die anderen. Rücksicht zu nehmen darauf, daß ich schon dadurch, daß ich da bin, von anderen lebe und damit auch Leben gefährde. Das Wort ‚Rücksicht' kommt in der Bibel gar nicht vor, aber es ist mir eines der wichtigsten Worte geworden. Rückbezug, Rückbindung und Rücksicht sind drei Begriffe, die für mich tragend sind. Rückbezug heißt: Ich bin nicht der Erste auf dieser Erde, ich kann mich zurückbeziehen auf reiche Erfahrungen anderer, die mir wichtig sind, also, ein Rückbezug, der mir Perspektive gibt. Das sind für mich eigentlich die religiösen Kernfragen, die von jedem anders akzentuiert, anders beantwortet werden können. Und das finde ich großartig. Denn weil sie von anderen anders beantwortet werden, merke ich, daß Antworten nirgendwann endgültig sein werden, nirgendwann letztgültig beantwortet werden, das heißt, mich immer in den Dialog führen, und nicht in den Kampf der Wahrheiten, sondern in den Dialog um die Wahrheit oder um die Suche nach der Wahrheit.

Albus:
Also: Die Freiheit der Antwort auf das, was einen angeht, muß gewahrt bleiben.

Schorlemmer:
Ja. Aber ich möchte nicht verzichten auf meinen Rückbezug, aus dem ich lebe und auch auf die Wahrheit, die ich erkannt habe. Aus der Geschichte der Kirche, aus der ich komme und für die ich Mitverantwortung übernehme, merke ich, wie gefährlich es ist, wenn ich meine Wahrheit zu der Wahrheit erkläre. Meine Wahrheit ist immer ein Angebot von Wahrheit für andere. Aber: Es gibt auch eine so faule, so faule folgenlose Toleranz, wo man sagt: Jeder hat recht, jeder kann denken, was er will. Ich meine nicht den westlichen Kult der Beliebigkeit: alles ist richtig, du hast recht, du hast auch recht, denk, was du willst, ich denke, was ich will. Nein, wer einen Wahrheitsanspruch hat, kommt in den substantiellen Streit mit den anderen um diese Wahrheit. Toleranz darf nicht verwechselt werden mit Beliebigkeit. Rückbezug, Rückbindung und Rücksicht gehören zusammen!

Drewermann:
Ich möchte zweierlei versuchen. Das eine ist eine kurze Beschreibung der Funktion, die die Religion innegehabt hat oder doch haben sollte. Und ein anderes: ein fiktives Gespräch mit einem, sagen wir, fünfzehnjährigen Mädchen, das zwar kirchlich sozialisiert ist, das aber, wie mehr als 80 Prozent der deutschen Be-

völkerung heute, mit der Kirche und also auch mit der Religion, wie es meint, kaum noch etwas anfangen kann.

Zum ersten: Die klassische Aufgabe der Religion bestand, so scheint mir, seit eh und je darin, als Platzanweiserin zu fungieren. In einem dunklen Kino kommt jemand und nimmt den Besucher bei der Hand, um ihm zu sagen, wo er Platz nimmt, um dem Schauspiel, das sich jetzt bieten wird, beiwohnen zu können. So hat bislang die Religion versucht, in drei Ebenen den Menschen einen Standort zu schenken. Sie hat ihm erklärt, wie er die ihn umgebende Natur verstehen sollte; darin lag die Stärke der mythischen Religion, indem man die Sonne, den Wind, die Tiere als göttliche Mächte interpretierte; biblisch versuchte man etwas Vergleichbares, indem man den Schöpfungsglauben dafür einsetzte. Die Religion hat dem Menschen des weiteren erklärt, wie er mit der menschlichen Geschichte umgehen sollte; auch das geschah auf mythischem Hintergrund, indem die geschichtlich handelnden Personen selbst als Beauftragte der Gottheit oder als Söhne der Götter erschienen. Selbst der König im Alten Testament konnte in Psalm 2 als ‚Sohn Gottes' bezeichnet werden auf altorientalischem Hintergrund; die Bibel ging so weit, die Geschichte selber als Offenbarungsgeschehen Gottes zu interpretieren, und sah sich dann dem Problem freilich gegenüber, in welchen Persönlichkeiten, wie und wo denn nun die Gottheit sich offenbaren sollte oder geoffenbart hätte. Darüber hinaus gibt und gab die Religion dem Menschen zum Dritten eine Stätte, an der er selber sich geborgen fühlen konnte, mythisch, indem sein kleines Leben zwischen Geburt und Tod rituell und symbolisch in ein Verweisungssystem eingeordnet wurde, das ihm für die wenigen Jahrzehnte seiner Existenz Zuversicht und Hoffnung zu geben vermochte, christlich und auch nicht vollkommen anders, indem wir durch Sakramente und durch Gnadenzuversicht einen ähnlichen Glauben vermitteln möchten. Wesentlich bei all dem war bislang, daß die Religion gebunden war an die Tradition und an die Institution. Sie war, psychologisch gesprochen, eine Über-Ich-Funktion. Es gab bestimmte überlieferte Wahrheiten, die von der Vergangenheit in die Gegenwart geschoben wurden und die bei einer bestimmten herrschenden Schicht von Theologen oder Priestern aufbewahrt wurde im Namen Gottes und von oben nach unten in die Seelen der Menschen gedrückt werden konnte. Diesen Typ von Religion als Über-Ich-Funktion haben wir eben schon kritisch genug beschrieben. Mir scheint, daß die Krise des Religiösen darin liegt, daß wir von diesem Funktionstyp endgültig Abschied nehmen müssen. Begonnen hat dieser Abschied in meinen Augen bereits mit dem Protestantismus und dem Humanismus vor etwa fünfhundert Jahren, mitten in der Renaissance, als man die eigenständige Größe des Individuellen entdeckte und damit ganz neue Freiheitsräume aufstieß. Die Bewegung, die damals begann, ist noch lange nicht zum Abschluß gekommen. Sie findet auf dem Territorium des religiösen Bewußtseins heute darin statt, daß wir mit humanistischem Anspruch erwarten und verlangen, daß Religion eine Funktion des Ichs sein muß, mithin ein Ausdruck von Freiheit und ein Träger der Freiheit. Wir erwarten, daß die Religion den Menschen ermutigt, selber zu leben.

Mir scheint dies der Punkt zu sein, an dem überhaupt so etwas wie eine Neuvermittlung oder Regeneration von religiösen Impulsen geschehen kann. Deshalb, zum zweiten, würde ich dem fünfzehnjährigen Mädchen etwa so sagen: „Ich höre, du glaubst nicht an Gott. Du glaubst auch nicht an die Kirche, die ihr Monopol auf den lieben Gott erhoben hat. Du fragst dich, was wahr ist nach einer Kirchengeschichte von Hunderttausenden von Lügen, die als Wahrheiten ausgegeben wurden, bloß um Menschen zu vernichten oder zu beherrschen. Und ich sehe, daß du mißtrauisch bist gegenüber allen Wahrheitsansprüchen, die nicht beweisbar sind. Aber da hast du ganz recht! Religiöse Wahrheiten sind im letzten nicht beweisbar. Und du fragst dich völlig mit Recht: ‚Woran soll ich denn dann glauben, wenn sie nicht beweisbar sind?' In dieser deiner Frage höre ich, daß Religion von einer anderen Ebene der Wahrheit spricht als der satzhaft zu formulierenden, erkenntnisobjektiven Wahrheit. Was sie wirklich meint, ist eine Wahrhaftigkeit der Lebensform, nicht etwas, das sich dozieren ließe auf den Lehrstühlen, sondern das gelebt wird in der menschlichen Existenz. Deshalb laß uns beide jetzt mal fragen, woran wir wirklich glauben, weil es uns wesentlich ist, weil es uns tragen soll. – Da sehe ich vor allem, daß du dich gerade verliebt hast, daran *glaubst* du. Die Liebe soll dich tragen. Dieser Glaube erscheint jedem Außenstehenden vielleicht verrückt – du kannst enttäuscht werden, der Junge, den du liebst, kann weggehen, und dann sitzt du ärmer da als vorher. Aber du glaubst trotzdem daran. Das ist etwas Wunderbares! Schon dein Vater hatte womöglich Schwierigkeiten, deine Mutter wirklich zu lieben, aber du glaubst nach wie vor an die Liebe. Und ich möchte, daß du dir diesen Glauben bewahrst. Du sagst dir: Alles, was wahr sein kann, ist überhaupt nur wahr, wenn es dazu beiträgt, die Liebe zu erklären. Ein Freund kann mir sonst erzählen, was er will – alles, was er sagt, hat mit mir nur etwas zu tun, wenn es meine Suche nach seiner Person in irgendeiner Weise kommentiert. Darum schlage ich vor, daß wir lieber sagen: ‚Ich glaube an die Liebe', als daß wir sagen: ‚Ich glaube an die Wahrheit'. Denn selbst die Wahrheit wird im menschlichen Bereich sich nur ergeben aus der Liebe.

Dann aber stellen wir beide jetzt fest, daß es einzig die Liebe ist, die dich wachsen läßt, die dir Mut macht, durch die Nacht zu gehen, die imstande ist, dir vorzustellen, wie deine Zukunft aussehen könnte, die den Bereich festlegt, in dem du hoffen kannst, glücklich zu werden. Eigentlich geht es in allem nur um dieses Gefühl deiner Liebe. Dabei ist deine Liebe nicht festlegbar. Du kannst nicht sagen: Mein Freund gehört mir. Aber du willst, daß er zu dir gehört und du zu ihm, daß ihr zusammengehört; das willst du. Liebe ist nichts als eine Form, die Personen zusammen leben läßt und die sich austauscht zwischen Personen. Und die soll absolut sein. – Eine bessere Bestimmung der Religion, als zu sagen: Ich glaube an die Liebe, kenne ich überhaupt nicht.

Es liegen aber für dich noch ein paar andere Dinge darin: Kein Mensch hat dir befohlen, diesen Freund zu lieben, trotzdem ist deine ganze Freiheit gebunden in dieser einen Beziehung. Es gibt kein Diktat von außen an dich, und doch gibt es eine absolute Verbindlichkeit. Du kämst dir sehr schäbig vor, deinen

Freund zu verraten. Das spürst du ganz einfach; kein Mensch muß dir das von außen her sagen. All deine Verantwortung, dein Gewissen lebt und ist lebendig durch die Liebe, in der Liebe.

Dann stelle ich weiter fest: Alle Dinge ringsum erscheinen dir mit einem Mal wunderbar. Du bist plötzlich dankbar dafür, leben zu dürfen. Vorher war es dir womöglich elend, hundeelend oft. Aber jetzt bist du dankbar, nachts die Sterne zu sehen. Du sagst dir, dein Freund sieht sie auch. Du dankst dem Wind, wie wenn er deine Botschaft flüsternd ihm überbringen könnte; du streichelst Tiere an deiner Seite, denn du liebst überhaupt nicht nur deinen Freund, du liebst in ihm plötzlich das ganze Leben, die ganze Welt.

So stelle ich mir vor, daß die Religion sich ausdehnt. Aus dem Innenraum einer wirklich lebendigen Erfahrung, die wir ganz persönlich und privat machen, öffnet sie sich und erschafft wieder Räume der Ehrfurcht, der Anbetung, der Dankbarkeit, der Frömmigkeit. Ich mag die Leute nicht verachten, die sich abgewöhnt haben, sonntags in die Kirche zu gehen, aber dafür womöglich Sonntag vormittags in ein Planetarium gehen, um sich die Fixsterne und den Kosmos erklären zu lassen, oder die in den Wald gehen, um ihren Hund auszuführen. Es ist nicht nur eine Phrase, wenn diese sagen, das sei für sie wie ein Gebet. Da ahnen Menschen etwas von der Weite der Welt, von dem, worauf sie angewiesen sind, und alle entdecken in der Erfahrung der Liebe, daß alle eine Geschichte haben, die nicht mit ihnen selbst begonnen hat. Auch die menschliche Welt mit all ihren Zufälligkeiten, Sinnlosigkeiten und zerstörten Hoffnungen, mit dem immer neuen Mut, trotz allem aufzustehen, diese Welt bekommt plötzlich eine neue Dimension. Sie ist nicht ohne weiteres Gott, aber man kann ihr standhalten, weil es Dinge gibt, an denen man wagt, in Liebe festzuhalten.

So stellen sich die alten Funktionen der Religion meiner Meinung nach heute her, indem sie durch die Passage dieses Innenraumes der Liebe, einer sehr persönlichen, einer sehr privat gelebten Existenz sich beglaubigen. Das setzt allerdings voraus, daß wir den gesamten überlieferten Symbolismus und Ritualismus des institutionalisierten, dogmatisierten Überhangs, speziell im Kirchenglauben, durch Aufklärung uns bewußt machen, indem wir alle die psychischen Inhalte, die darin liegen, sowie die existentiellen Konnotationen, die da mitgegeben sind, neu aufgreifen und neu übersetzen. Da sind wir wieder an dem Sprachproblem von vorhin.

Albus:

Was geschieht, wenn die Liebe stirbt?

Drewermann:

Dann stirbt mit der Liebe subjektiv auch die Religion. Ich habe noch niemanden erlebt, dem die Liebe stirbt, der nicht ein zutiefst verzweifelter Mensch wäre. Und mir ist das Leid der Verzweiflung ein überdeutliches Gefühl für das, was einem Menschen fehlt. Der Durst nach Liebe ist für mich der einzig entscheidende Hinweis auf Gott. Man kann wissen, daß es Wasser geben muß, selbst wenn man gerade sehr viel Durst hat und dort, wo man lebt, kein Wasser findet.

Schorlemmer:

Ich finde es sehr schön, wie Sie Ihre Gedanken entfalten im Angesicht der Fragen einer Fünfzehnjährigen. Wie Sie versuchen, die Fragen nicht allgemein zu beantworten, sondern Auge in Auge, einem Menschen gegenüber, einem wirklichen, nicht einem fiktiven Menschen gegenüber. Und davon dann auch erzählen, was Sie einem solchen Menschen sagen. Ich merke immer wieder, daß ich viel stärker textbezogen argumentiere, oder wie stark ich auf bestimmte vorgegebene Verdichtungen angewiesen bin, um zu sagen, was ich meine. Auf die Frage eines Menschen nach der Religion würde ich einfach mit ihm zusammen das große Lied von der Liebe im Kapitel 13 des Korintherbriefes lesen.

Drewermann:

Tatsächlich?

Schorlemmer:

Ja, würde ich machen. – Wissen Sie auch warum? Wegen der anthropologischen Passagen am Schluß. Wie durch einen erblindeten Spiegel sehen wir uns jetzt. Dann aber werden wir erkannt, werde ich erkannt werden, werde ich erkennen, wie ich erkannt bin. Und das brauch' ich nicht mehr als Angst zu erleben! Ich werde nicht von jemandem im Scheinwerferlicht erkannt, sondern ich werde ein in Liebe Erkannter sein. Die Rätselhaftigkeit des Lebens wird endlich ein Ende haben, das quälende Fragen wird aufhören, und ich werde nicht zum Gericht gebeten, sondern zur Befreiung eingeladen. Mein Stückwerk, *Ich*, das Stückwerk, wird akzeptiert. Für mich ist da alles gesagt!

Am Schluß heißt es dann: „Es bleiben aber Glaube, Hoffnung, Liebe, diese drei. Die Liebe aber ist die Größte unter ihnen.“ So ist mir klar geworden, daß Paulus, ohne die Verkündigung des Jesus genauer gekannt zu haben, in diesen drei Begriffen genau das einfängt, was Kern der Botschaft des Jesus von Nazareth ist. Nämlich erstens: Vertrauen, unbedingtes Vertrauen. Der Unnahbare Unaussprechbare ist der Vater, den du anrufen kannst. Glauben ist wunderbares Vertrauen-Können, trotz allem, was geschieht: ‚Vater‘ sagen. Aus solchem Vertrauen heraus wird das ganze Vaterunser gebetet. Sonst kann das überhaupt nicht gebetet werden. Zweitens: Hoffnung. Das heißt, die Welt behält eine Perspektive. Das Reich Gottes ist nahe, es ist schon mitten unter euch. Also es bleibt Hoffnung unter sehr, sehr dunklen Horizonten. Drittens: Liebe. Worauf kommt es an? Nicht auf den Kodex von Normen, sondern auf ein zugewandtes Verhalten. Du bist wichtig, du kannst dir auch wichtig sein. Der andere ist wichtig, und der muß dir wichtig sein. Wenn der andere dir wichtig ist, dann kannst du dir selbst wichtig und unwichtig sein. Ich finde, das Liebesgebot darf nicht weiterhin zu einem zwanghaften Verhalten werden, wo ich laufend nur altruistisch sein soll. Nein, indem du liebst, kannst du auch lernen, dich selbst zu lieben. Es ist eine wunderbare Befreiung, wie Jesus von Liebe redet.

Glaube, Hoffnung, Liebe, diese drei Begriffe lassen sich in der Jesusverkündigung genau orten, aber in Verbindung mit Lebensgeschichten, etwa mit der Geschichte, die Johannes aufschreibt, die merkwürdigerweise „unecht“ genannt wird, Johannes 8, über die

Ehebrecherin. Da haben wir gewissermaßen so ein Gespräch mit einer Fünfzehnjährigen …

Drewermann:

… zwölfjährig … Sonst wäre sie nicht gesteinigt worden – sie muß zwölf Jahre alt sein! – Daß Jesus diese Macht hat, Menschen dahin zu bestimmen, über sich nachzudenken! Wäre nur einer von den Leuten an diesem Morgen vermessen genug gewesen, um sich zu sagen: Ich bin ohne Sünde – dieses Mädchen wäre ihnen ausgeliefert gewesen! Daß Jesus diese Macht hat, Menschen nachdenklich zu machen mit einer einzigen Frage, das bewundere ich auch. Und ich bewundere auch Ihre Auslegung der Paulusstelle.

Trotzdem, Gott sei Dank, haben wir in diesem Gespräch jetzt endlich tatsächlich mal einen wirklichen Unterschied zwischen uns beiden, und zwar gerade deswegen, weil wir in der Sache wohl völlig übereinstimmen.

Ich möchte natürlich zu derselben Überzeugung, zu denselben Inhalten kommen wie Sie auch. Mir scheint aber, wenn ich Ihnen zuhöre, daß wir die Gefahr nicht vermeiden, immer noch zuviel im voraus zu wissen, weil es ja Paulus gab oder weil es so und nicht anders in der Bibel steht. Die Frage ist tatsächlich: Was hat Jesus gemacht? Hat er uns ermächtigt, wie Sie es eben ausdrückten, in eine offene Fragestellung einzutreten, auf die es noch keine fertige Antwort gibt, und den Mut zu haben, übers Wasser zu gehen mitten durch den Sturm, Vertrauen zu haben in die Tiefe beziehungsweise ins Grenzenlose, Abgründige, im Hoffen, darunter sei eine Hand, die uns trägt? Oder hat er uns im Grunde doch bereits feste Inhalte,

Formeln, Wißbares mitgegeben, das wir jetzt nur noch hersagen müßten? Im letzteren Falle könnten sich alle Worte noch so schön anhören, sie würden doch so wirken, wie wenn wir zu Achtjährigen sagten: Ihr müßt einmal lernen, was ein klassischer Liebesbrief ist; deshalb müßt ihr ihn so oft abschreiben, bis ihr ihn auswendig könnt. Goethe, Schiller, Rilke – unabhängig von diesen Meistern der Sprache schreibt ihr kein ordentliches Deutsch. Nehmen wir nun an, die Achtjährigen würden zehn Jahre lang einen bestimmten klassischen Liebesbrief schreiben und auswendig lernen und würden, achtzehnjährig geworden, diesen Brief ihrem Geliebten mitgeben, so hätten wir ein recht gutes Beispiel, in welcher Weise wir heute die Menschen durch unsere „Verkündigung" in bloße Sprechautomaten verwandeln. Sie haben lauter Worte der Liebe so perfekt am Schnürchen, daß die persönliche Begegnung darunter vollkommen erstickt wird.

Das Beispiel des Paulus ist übrigens gerade darin unerhört, daß er über Jesus redet in völliger Mißachtung der Lehrtradition, die es über den Mann aus Nazareth gibt. Die ersten drei Evangelien gehen, wie man weiß, hervor aus einer Sammlung von Reden, die auf Jesus, in irgendeiner Weise mindestens, historisch sich zurückführen lassen, so sehr verändert, kommentiert und verfremdet sie auch in den 30 bis 50 Jahren bis zu ihrer Aufzeichnung überliefert sein mögen. Paulus hingegen besitzt die unglaubliche Unverfrorenheit, sich um diese Tradition durchaus nicht zu kümmern, sondern seine persönliche Erfahrung, wir dürfen denken vor Damaskus, als Kompetenz genug zu nehmen, um über Jesus so zu reden, daß es jedermann, die Heiden insbesondere, angeht, und zwar sogar unter Wegfall der ganzen jüdischen Sozialisation! Das allein schon ist enorm! Denn es spricht doch dafür, daß Paulus sagen will: Gott redet zu einem Menschen als einzelnem, und wo das in der Tiefe geschieht, begreift er alles, was Jesus sagen wollte!

Ich möchte diesen Punkt einmal für die Praxis erläutern. Vor einer Weile waren Krankenhausseelsorger, protestantische übrigens, bei mir, die lernen wollten, wie man am Krankenbett Seelsorge treibt. Sie stellten also ihre Redeprotokolle vor, darunter eines, das schilderte, wie ein Pfarrer in das Zimmer eines Mannes gerufen wurde, dem die Ärzte keine Chance mehr zum Leben gegeben hatten. Der Pfarrer wußte das, aber er wußte auch, daß der Patient es noch nicht wußte. Kaum durch die Tür, fragte ihn der Patient: „Herr Pfarrer, was sagen die Ärzte? Muß ich sterben?" Der Pfarrer hatte große Angst vor dieser Frage und vor der Verantwortung, die damit verbunden war. Was darf er überhaupt sagen? Was werden die Ärzte sagen, wenn er dem Patienten sagt, was die Ärzte gesagt haben? Kurz, dieser Pfarrer hat sich an das Bett des Kranken gesetzt und versucht, ihn zu trösten, indem er mit ihm gemeinsam den 23. Psalm betete: „Der Herr ist mein Hirte." Er selber war sichtlich erschüttert, noch als er in der Runde dieses Beispiel vorstellte, des Verses wegen vor allem: „Und muß ich auch gehen durch Todschattenschlucht, so trifft mich kein Unheil", mit Luther dann weiter gesprochen: „Dein Stecken und Stab, die sind meine Zuversicht." Wir haben uns das Protokoll dieses Pfarrers im Kreis von etwa 15 Leuten angehört, und dann ergab sich eine erstaunliche Diskussion. Die anderen nämlich sagten: ‚Du hast es bestimmt gut gemeint, du hast getan, wozu man uns erzogen hat, du hast die Bibel gebracht, weil sie dir alles in deinem Leben bedeutet, und du mochtest, daß sie auch in dem Leben des Patienten alles bedeutet – und dann habt ihr euch gemeinsam im Gebet verabschiedet. An all dem gäbe es äußerlich überhaupt nichts zu beanstanden, wenn wir nicht miterleben würden, daß du diesen Patienten im Grunde gar nicht kennst. Du hast beim Beten dieses Psalms versäumt, daß Gott aus diesem Manne hätte sprechen können. Dieser Kranke hatte buchstäblich nichts zu sagen, weil du aus lauter Angst dich an deine Bibel geklammert hast. Vielleicht aber ist dieser Mann selber eine Bibel Gottes, und er hätte dir vieles zu sagen gehabt – zum Beispiel, was Vertrauen angesichts des Todes sein könnte, oder warum er nicht dahin kommt, Gott vertrauen zu können, oder was er wirklich erlebt hat, was ihm im Wege steht, was ihm Angst davor macht, vielleicht auf elende Art verrecken zu sollen. Das alles wissen wir jetzt nicht, das alles weißt du nicht, und es liegt daran, daß du kurzschlüssig die Bibel hervorgeholt hast.'

Mit diesem Beispiel möchte ich sagen: Vielleicht hat ja Schleiermacher recht: Ein wirklich frommer Mensch braucht nicht die Bibel, er ist die Bibel. Und Jesus wäre die Ermächtigung, genau das zu glauben! Der Mann aus Nazareth hat ja die Bibel so gut wie nie zitiert, außer wenn man ihn in die Enge getrieben hat. Jesus hat Geschichten erzählt, völlig unkonventionell und frei. Wenn wir uns Christen nennen, sollten wir eigentlich die Erlaubnis haben, ein bißchen davon nachzumachen.

A. de Mello erzählt einmal von einer frommen Frau, die täglich in die Messe ging. Unterwegs riefen ihr die Kinder ihr zu, Bettler sprachen sie an, aber sie war so in sich versunken, daß sie nichts wahrnahm. Eines Morgens kam sie zur Kirchtür, doch die Tür ließ sich nicht öffnen. Ganz entsetzt und in Sorge, das Wichtigste zu versäumen, blickte sie um sich, da fand sie einen Zettel an der Tür, darauf stand: „Ich bin hier draußen."

So zu denken, so zu leben, das ist für mich die Freiheit, die Jesus uns gebracht hat.

Man kann es aber auch anders machen. Man erzählt sich, daß es im hohen Norden vor Zeiten einmal einem Mann gelungen war, die Kunst des Feuermachens zu erfinden. Es lag ihm nichts daran, sich damit wichtig zu machen; er wollte nur, daß seine Erfindung den Menschen Nutzen brächte. Eines Tages aber kam er zu einem Stamm, dessen Priester um ihre Macht fürchteten, wenn sie diesen Mann gewähren ließen. Sie ließen ihn deshalb ermorden; doch um den Verdacht von sich abzulenken, stellten sie das Bild des Großen Erfinders auf den Hauptaltar ihrer Kirche und ehrten sein Gedächtnis mit einer eigens geschaffenen Liturgie, deren Vorschriften nie geändert werden durften. Der Hohe Priester selbst schrieb die Geschichte des Großen Erfinders auf – sein Werk galt als ein heiliges Buch, da es die ruhmvollen Taten jenes Mannes pries und seine übermenschliche Natur zu einem besonderen Glaubensartikel erhob. Diese Lehre war allen künftigen Generationen weiterzugeben, und man bestrafte jeden mit Tod und Exkommunikation, der sich nicht aufs Wort zu ihr bekannte. Alle waren von der Vielzahl der religiösen Aufgaben bei der Verehrung des Großen Erfinders vollkommen in Beschlag genommen. Nur: die Kunst des Feuermachens war gänzlich in Vergessenheit geraten. – So das Wirken Jesu und die Unwirklichkeit der verfaßten Priesterkirche.

Schorlemmer:

Aber diese Souveränität habe ich nicht. Wahrscheinlich einfach deswegen, weil ich ein Stückchen mehr einer Rückbindung traue, die mich in Freiheit versetzt. Ich habe religiöse Sozialisation nicht als etwas Autoritäres erlebt. Wirklich, ganz und gar nicht. Insofern ist für mich die Zurückbindung an bestimmte Texte, die für mich zur Autorität wurden, weil sie mich in die Freiheit versetzen, etwas anderes. Ich gehe davon aus, daß der Glaube ein bestimmtes Repertoire dessen braucht, auf das er sich immer wieder zurückbezieht, das er gewissermaßen mit sich trägt. Ich brauche das Schnürchen von Texten, das Schnürchen wesentlicher Texte, nicht nur, um daraus zu lernen, sondern um im Leben, im Glauben zu bestehen. Ich sage: drei Psalmen: Psalm 8, Psalm 23, Psalm 139 – mehr brauchst du nicht. Wenn du das in dich aufgenommen hast, hast du alles. Du brauchst auch nur drei Jesusgeschichten: barmherziger Samariter, verlorener Sohn und vielleicht das Gleichniskapitel. Ein einziges Gebet umfaßt alles – und das steht in der Bergpredigt, dazu die Seligpreisungen und das erste Bekenntnis zu Jesus dem Christus im Philipperbrief. Drei Texte aus den Briefen, vielleicht die große Vision in Apokalypse 20, Römer 7, und 1. Korinther 13. Und schließlich drei sogenannte Urgeschichten: Paradies, Kain und Abel, Turmbau. Punkt. Ich bin ganz auf Texte bezogen, weil ich denke, daß solche „zentralen" Texte wirklich Schnürchen sind, an denen ich das Ganze des Glaubens-Lebens aufreihen kann. Möglicherweise ist das nicht vollständig, aber ich denke, das ist das Wesentliche. Es kann sein, daß für jemand anderen anderes wesentlich ist, und das macht ja gerade das Spannende aus. Was ich fatal finde ist, daß wir immer wieder versuchen, die ganze christliche Tradition, auch das völlig Disparate, mittels irgendeiner Spitzfindigkeit doch zu einem geschlossenen Gedanken-Gebäude zusammenzubringen. Ich glaube, die Versuchung der christlichen Theologen, immer ein Gebäude aufzurichten, führt dazu, daß wir das Leben in seiner Vielfalt verlieren.

Drewermann:

Dann sind wir uns in der Ablehnung des Dogmatismus, der Umwandlung der lebendigen Form des Glaubens in eine Doktrin, wie sie die Formelsprache des Credos etabliert hat, und zwar, wie wir eben schon sagten: durch viel instrumentelle Gewalt, vollkommen einig. Es bleibt mir dennoch die Frage, was, wohlgemerkt im christlichen Sinn, eigentlich Glauben heißt?

Nehmen wir ein Beispiel: Ein Maler wie Vincent van Gogh hat es abgelehnt, nach Art der Akademie malen zu lernen. Er hat es versucht, es war ihm mißlungen. Sein Problem nämlich war, daß er von den anderen Vorbildern der Akademie hätte lernen müssen, wie „richtig" gemalt wird; ohne Zweifel hätte er dabei wunderbare Dinge lernen können, aber er hätte niemals *seine* Form des Malens dabei gefunden. Van Gogh aber hat sich das Recht, die Erlaubnis genommen, seinen Ton, seinen Ausdruck zu finden; und er hat eines Tages gesagt: „Ich höre auf, Kathedralen zu malen; ich male nur noch die Gesichter, die Augen von Menschen. Die Religion der Pfaffen ist tot, mausetot. Ich aber liebe, und also lebe ich."

Mir ist die Frage wichtig, wozu Jesus uns wirklich ermächtigt hat. Denn ich sehe die Gefahr, daß wir zu bloßen Kopisten werden, indem wir mit allen Brechungen und Unaufrichtigkeiten ein fremdes Beispiel übernehmen und dabei einen retrospektiven Trick anwenden. Es verhält sich, wenn wir die Bibel lesen, so ähnlich, wie wenn wir einen Kriminalroman vom Ende her lesen wollten: Der Fall ist eigentlich schon gelöst, und wir versuchen lediglich noch, zu rekonstruieren, wie er gelöst werden konnte. Die ganze Spannung ist weg, weil wir den Ausgang der Geschichte immer schon kennen. Mir scheint, wir sollten von Jesus lernen, nach vorn hin zu leben, so wie er, mit dem Mut, noch nicht zu wissen, was dabei herauskommt, *gleichursprünglich*, Sören Kierkegaard hat gesagt: *gleichzeitig* mit ihm.

Der Unterschied ist deutlich: Der Dozent der Theologie weiß immer schon, daß es mit dem Mann aus Nazareth zum Kreuz hin geht, und er weiß desgleichen immer schon, daß es vom Kreuz nach Ostern hin weitergeht. Das wirkliche Herausfordernde aber besteht darin, Jesus zu begleiten in den Tagen, da er all das durchmacht und noch nicht weiß, was werden wird. Dann könnte es doch sein, daß Jesus im wesentlichen uns das Vertrauen geschenkt hat, den Ton, das Wort, das Lied oder das Gedicht zu finden, das nur in unserer eigenen Person zum Klingen kommen kann, und daß er uns bei der Hand nehmen wollte, um gerade das zu werden, was Gott mit uns gemeint hat. Es wäre dann geradezu falsch, ein Beispiel zu imitieren, das von außen kommt. Es wäre so ähnlich, wie wenn ein Maler im 20. Jahrhundert, der ein Bild von Braque oder von Picasso sieht, so malen wollte wie Braque oder Picasso. Wenn er recht bei Trost ist, wird er sich vielmehr die Freiheit nehmen, daß, wenn diese so malen konnten, auch er das Recht hat, auf seine Art zu malen und es jenen gleichzutun, indem er seine Form, seine Farbe, seine Dramaturgie auf die Leinwand setzt. So verstehe ich christliche Existenz, daß Gott uns nicht fragt: Welcher Religion gehörtest du an, sondern: Wer warst du als Mensch, als Person?

In einem Punkt natürlich stimmen wir überein: Es genügt nicht, einfach zu sagen: „Die Person des Jesus von Nazareth ist wichtiger als alle seine Wörter, als alle seine Taten." Es gilt, das auch zu *leben*. Diese Freiheit, zu leben wie Jesus, statt im Zitat Jesu zu leben, ist übrigens so alt wie das Johannesevangelium, das vollkommen ohne authentische Jesusworte auskommt, außer der Passionsgeschichte, sogar ohne eine historische Handlung aus dem Leben Jesu – ein vollkommen neugestalteter Entwurf gegenüber den ersten drei Evangelien. Der einzige „historische" Text, den man im Johannesevangelium außerhalb der Kapitel 19 und 20 findet, ist die im Johannescorpus unechte Passage von 8, 1–11, die Geschichte von der Ehebrecherin, auf die wir soeben schon zu sprechen kamen. Da war es also doch möglich im ausgehenden ersten Jahrhundert nach Christus, sich die Freiheit zu nehmen, von dem Mann aus Nazareth in einer Sprache zu reden, die er selber nie geredet hat, und Geschichten von ihm zu erzählen, in denen er historisch gar nicht vorkommt, und dabei zu glauben, das gehe gut so, weil alles, was von der gleichen Liebe, von demselben Geist getragen ist, die Person des Jesus von Nazareth viel besser wiedergibt als alle noch so genauen historischen Konserven.

Das Problem liegt darin, daß wir eine Kirche haben, die erklärt, das alles sei zwar gut und schön, Johannes aber sei eben das Ende dieser Entwicklung im „apostolischen Zeitalter", denn nunmehr sei halt die Kirche gekommen. Zwischen der Botschaft Jesu und dem Jüngsten Tag redet, wenn es so steht, eigentlich nicht mehr Gott, sondern nur noch die Kirche. Und dann allerdings sind wir bei dem Problem, das wir gemeinsam haben: Die Menschen haben jetzt keine Kompetenz mehr, von sich aus über Gott zu reden, sondern sie müssen als erstes hören, was ihnen die Kirche sagt. Unter solchen Umständen hat auch Jesus keine Chance mehr, zu ihnen zu reden, sondern eigentlich weiß der Papst alles immer schon besser und vor allem: unmißverständlicher. Jesus kann man, wie die Ketzerverfolgungen der Kirche zeigen, so abgrundtief fehldeuten. Immer ist es also besser, man hört direkt auf den Papst, der unfehlbar ist, oder auf sonst jemanden, der ihn vertritt. Selbst der protestantische Pastor auf der Kanzel steht ja nach sechs Jahren Theologiestudiums in der Vermutung, daß er alles besser weiß über den Mann aus Nazareth als irgendein ungebildeter Gläubiger. Den Menschen geht die Authentizität ihrer Existenz unter diesen Umständen verloren. Was Jesus demgegenüber wollte, war gerade dieses enorm prophetische Element, zu Gott unmittelbar zu sein, indem er sagte: „Keiner von euch lasse sich Vater nennen, keiner lasse sich Meister nennen, ein einziger sei euer Meister und Vater, der im Himmel ist." (Mt. 23, 9) Das freilich ist ein Jesuswort, an das ich leidenschaftlich glaube.

Schorlemmer:

Herr Drewermann, ich glaube, Sie vertrauen als Theologe und Therapeut dem unmittelbaren zwischenmenschlichen Gespräch und trauen ihm zu, daß sich darin etwas Authentisches und Heilendes vollzieht. Dem möchte ich gar nicht widersprechen. Ich spreche jetzt als Theologe und als Angestellter einer Institution und denke, daß gelingende Kommunikation, von der Sie erzählen, wie sie einem einzelnen Menschen hilft, wichtig ist. Andererseits aber sind wir in einer Kirche, also in einem größeren Kontext von Menschen, die sich auch auf einen gemeinsamen Glauben zu einigen versuchen und dabei eine gemeinsame Grundlage suchen – auch etwas ganz Natürliches! –, auf die sie sich über Generationen hinweg zurückbeziehen. Um es zugespitzt zu sagen: Ich bin sehr froh, daß im Verlauf dieser Geschichte nicht übrig geblieben sind: Thomas, Luther und Drewermann, sondern eben die Bibel. Man wird später Thomas, Luther und Drewermann lesen als Hilfen, die Bibel zu verstehen. Die Entscheidung, den Kanon irgendwann abzuschließen und zu sagen, ‚bis dahin ist das „Offenbarung", das ist relativ, abrupt, ist schematisch.' Da stimme ich Ihnen zu. Aber es macht auch Sinn.

Drewermann:

Und schon wieder ein Stück Gewalt.

Schorlemmer:

Die Reformation ist eine Befreiung weg von all den kirchenamtlichen Interpretamenten, ein Versuch, unmittelbar auf die Quellen zuzugehen. Protestantische Predigtlehre hat dann sehr früh einen riskanten

Schritt vollzogen, indem sie den einzelnen Prediger dazu ermutigte, selber gewissermaßen „der Papst" zu sein. Das war ein problematischer Vorgang. Die protestantische Kirche besteht dadurch gewissermaßen aus lauter kleinen Päpsten, die „die" Wahrheit zu haben beanspruchen. Richtig daran bleibt: Die Rede eines Predigers hat einen Zeitindex und einen Ortsindex: „Ich erkenne dies heute, hier, vor euch als Wahrheit an, und ihr habt die Freiheit, dazu euer Amen zu sagen oder nicht zu sagen." Das ist das Großartige: Mitsprache *aller* in Glaubensdingen, wenn es nicht wiederum überhöht wird als das Wort Gottes, das heute einer gesagt hat. Es geht um die Viva Vox, das lebendige Wort, das angesichts des vorzeiten gesagten Wortes sich heute nochmals bei uns einmischt und jetzt wieder gehört werden will. Es gibt also ein Gleichzeitigwerden im kommunikativen Prozeß der Auslegung, die einer vor anderen wagt, um die anderen in ein Gespräch darüber zu verwickeln. Das findet leider kaum noch statt. Wir haben wiederum etwas Autoritäres: Einer spricht, die anderen hören zu oder verweigern Zuhören, weil sie den Eindruck haben, hier wird ihnen nichts gesagt, was ihnen wesentlich und praktisch hilfreich ist. Ein gemeinsames Glaubensgut, das sich auf biblische Texte konzentriert, bleibt für eine Kirche, die sich als eine Gemeinschaft von Glaubenden versteht, wichtig. Eine große Gefahr sehe ich für unsere Kirche darin, daß das Kommunikative unterbleibt und wir meistens Frontalkommunikation machen – und dem verweigern sich die Menschen durch Abstimmung mit den Füßen, weil sie merken, was dort an ihre Ohren dringt, ist nicht das, was ihnen hilft, zwischen Montag und Sonnabend zu leben.

Albus:
Ist es überspitzt, wenn ich frage: Schorlemmer ist für Kirche, Drewermann gegen Kirche?

Schorlemmer:
Ja, so höre ich das.

Drewermann:
Ja, da ist etwas dran. Das hat, wie Sie ganz richtig sagen, mit den verschiedenen Ausgangspunkten zu tun. Auch mir ist die Bibel persönlich sehr wichtig gewesen und bis heute geblieben – kein Zweifel. Es würde mir sehr schwer fallen, zu sagen, die Bibel sei eine überflüssige Lektüre. Auf der anderen Seite machen wir uns, glaube ich, etwas vor, wenn wir den Einfluß der Bibel zu hoch bewerten. Im Bewußtsein der Leute, mit denen wir es zu tun haben, kommt sie im Grunde nicht vor. Und es ist im gewissen Sinne sogar gut, daß die meisten die Bibel gar nicht erst lesen, weil sie nur verwirrt würden, wenn sie da anfingen, von vorn zu lesen. Zum Beispiel predige ich jeden Samstag im Moment das Alte Testament, die geschichtlichen Bücher, 1 und 2 Samuel.

Schorlemmer:
In welchen Räumen bringen Sie das?

Drewermann:
In der Aula eines Gymnasiums. In der Kirche darf ich ja nicht mehr predigen.

Schorlemmer:
Arme Kirche!

Drewermann:

Klar! Also da versuche ich, vor ca. 500 Leuten derzeit die am meisten historischen Texte des Alten Testamentes auszulegen. Ich weiß von daher, wie schwer das ist – wie unmöglich das oft ist! Wenn man sieht, wie in der Bibel Stelle um Stelle Gewalt gerechtfertigt wird, wie die Ermordung von Menschen kaschiert wird mit faulen Phrasen, wie selbst die Propheten lügen können am Hof, wie menschliche Macht mit Gott verwechselt wird – und das alles für die Theologen bis heute unangefochten noch als die Art, wie Gott sich geoffenbart hat, gelten soll – in David, natürlich, hat sich Gott offenbart, in wem denn sonst, wenn nicht in David, dem Psalmendichter, dem Reumütigen, man sieht aber nur zu deutlich, wieviel Heuchelei selbst in der Reue dieses Mannes steckt – dann denke ich schon, es gäbe, weiß Gott, Texte, die moderner, unmittelbarer und geeigneter zur religiösen Bildung der Menschen imstande wären als die Bibel, abgesehen davon, daß man mindestens drei tote Sprachen lernen muß, um auch nur ihren Wortlaut einigermaßen korrekt zu verstehen. Der Anmarschweg zur Bibel wird im Verlauf der Geschichte immer länger. Ihre Sprache steckt erkennbar tief in der antiken Mythologie, und all diese Anschauungen müssen übersetzt und ersetzt werden.

Schon deswegen glaube ich, es ist zu viel erwartet, wenn wir glauben, wir könnten die Leute gewissermaßen im theologischen Skilift erst einmal zur Zugspitze hinaufhieven, um ihnen dann aufzunötigen, sich langsam wieder abzuseilen, bis sie auf die Alm kommen, auf der sie wirklich leben. Der normale Anmarschweg für die Leute vollzieht sich zu Fuß und ist einfacher.

Was Jesus unter anderem wollte, erlebe ich tatsächlich in der Psychotherapie im Umgang mit Menschen jeden Tag. Leute, die die Bibel überhaupt nicht kennen, die auch die kirchliche Sprache nicht mehr benützen, erzählen mir durch ihr Leben, wie ich Jesus besser verstehen kann, wie ich die biblische Botschaft besser verstehen kann. Ich erlebe Menschen, denen die Bibel geradezu Angst macht, so daß sie gar nicht mehr darin lesen können, schon weil sie etwa im Kloster bis zum Erbrechen sich daran übergegessen haben. Solche Leute sind mit asiatischer Weisheit unter Umständen auf Jahre hin besser bedient als mit der Bibel. In der Sprache Martin Luthers haben sie in der Bibel nur gelernt, wie „unwert" und sündig „sie" sind. Es war niemand da, der ihnen gesagt hätte, wie großartig sie sind. So etwas können sie ja nur finden, wenn ihnen mal jemand zuhört, der von ihnen nicht verlangt, sie müßten als erstes über die Hürde der Bibelfrömmigkeit springen, um als Menschen akzeptiert zu werden. Daß ein Mensch nur lebt, wenn er sich vorbehaltlos akzeptiert, ist ja das, was Paulus sagt. Es gilt aber auch dann, wenn es Paulus nie gesagt hätte! Paulus hat eine Erfahrung gemacht, die für jeden Menschen gültig ist, weil jeder Mensch sie so machen kann. Es ist beispielhaft und wichtig, daß Paulus sein Damaskus erlebt hat, es macht viel Mut, daß er seine Erfahrung aufgeschrieben hat. Aber entscheidend ist, daß die Menschen selber etwas Vergleichbares erleben, egal, wie im einzelnen das mal bei Paulus war. Das müssen die Leute im Prinzip nicht wissen. Religiös geht es darum, den Menschen zu helfen, in einen Raum zu treten, an dem ein jeder frei leben kann und an dem er sich selber lieben lernt – wie Sie sagen, weil nur dann die Offenheit wächst, auf andere Rücksicht zu nehmen und lieben zu lernen.

Ich gebe mal zwei kleine Beispiele, um zu zeigen, wie das konkret gemeint ist – ein literarisches und ein erlebtes Beispiel: Der schon mehrfach angeführte Anthony de Mello schreibt einmal, wie in ein indisches Dorf ein Mann kommt, der von den Leuten gern aufgenommen wird, weil er Brot verteilt und ein krankes Mädchen heilt. Wenige Tage hernach aber kommt eine kaiserliche Depesche, lautend, dieser Mann müsse ausgeliefert werden. Die Leute sind aufgeregt, sie besinnen sich, sie wissen nicht ein noch aus; sie fragen die Weisen, die wiederum befragen die heiligen Texte, und so kommen sie zu dem Schluß, es sei besser, wenn einer sterbe als das Volk, und also liefern sie jenen Mann aus. 20 Jahre danach kommt ein anderer Mann und sagt: Leute, was habt ihr gemacht! Dieser Mann war ein Prophet. Sie, wieder erschrokken, sagen zu ihm: ‚Was sollten wir denn tun? Wir befragten die Weisen, die befragten die heiligen Schriften, in denen es stand.' Der Mann aber sagt: ‚Gerade das war euer Fehler. Ihr hättet nicht fragen sollen eure Weisen, die fragten die heiligen Texte, in denen es stand, ihr hättet schauen sollen in die Augen dieses Mannes und in euer eigenes Herz."

Die andere wirklich erlebte Geschichte ist die eines protestantischen Pastors. Vor etwa einem Jahr sagte er zu mir, es gebe für ihn einen Text, der ihm der kostbarste der ganzen Bibel sei: die Geschichte von dem verlorenen Sohn. „Wenn ich", sagte er, „die ganze Bibel in einer eisernen Ration verpacken müßte, dann wäre es diese Geschichte. Nun aber sitze ich vor einer Klasse von Konfirmanden, und die sind zu Tode gelangweilt, wenn sie ein solches Gleichnis hören. Die wollen das überhaupt nicht hören. Was interessiert die denn die Bibel? Und der verlorene Sohn?" „Das Problem", sagte ich zu ihm, liegt darin, daß wir den Ausgang der Geschichte schon kennen. Ich erzähle dir die Geschichte einmal etwas anders: „Eben als ich hierher kam, saßen auf dem Platz des Dorfes ungefähr zehn Jugendliche herum." Er sagte: „Die Kurverwaltung wird die nächstens wegholen". Ich antwortete: „Hätte ich aber Zeit gehabt und mich zu diesen zehn Mädchen und Jungen gesetzt plus dem Schäferhund, den sie bei sich hatten, so hätte ich gewiß mit lauter verlorenen Kindern gesprochen. Ich bin ganz sicher, jeder von denen hätte erklären können, warum er Gründe gehabt hat, seinem Vater wegzulaufen – hundert Gründe, die wir alle kennen müßten, um die Geschichte vom verlorenen Sohn wirklich zu verstehen. Das Entscheidende ist: Keiner von denen weiß, ob er je nach Hause findet." „Ja", sagt er, „das ist der Unterschied; die kommen ja nicht zurück." „Die werden ganz sicher nicht zu der Kirche zurückkommen, die du wünschst und die du vertrittst", sagte ich. „Aber ob sie zu sich selber finden", das ist meine Frage. Es kann ja sein, sie finden eines Tages sogar ihre Eltern wieder oder sogar ihre religiöse Erziehung bis zum Konfirmandenunterricht. Aber ob das so sein wird, wissen wir nicht, und es kann nicht primär das Ziel sein. Das Ziel ist, herauszufinden, was sie von zu Hause weggetrieben hat, was ihre Motive waren, daß sie jetzt mitten in der Kälte lieber übernachten als im warmen Bett bei ihren Eltern. Woran glauben sie, und wie vermeidet man, daß sie sich ruinieren? Das sind die Fragen. Nur so werden sie zurückfinden, anders überhaupt nicht. Mit anderen Worten: Wolltest du die Geschichte vom verlorenen Sohn in die Unterrichtsstunde nehmen, müßtest du solche Geschichten erzählen, die offen sind fürs Ende, bei denen wir nicht schon den Ausgang kennen, das ‚fabula docet', das die Geschichte lehrt, stets mit erhobenem Zeigefinger. Wir müßten im Gegenteil den Roman erzählen, den das Leben wirklich schreibt. – So, meine ich, ist die Bibel eine Ermächtigung, sie selbst zu schreiben im eigenen Leben und sie wiederzufinden im Leben der Menschen an unserer Seite.

Schorlemmer:

Und ich bin wiederum froh, daß sie schon geschrieben ist und wir uns selber da hineinschreiben. Ich frage mich indes, ob die Strategie unserer Kirche nicht verfehlt ist und sich das nicht eingesteht. Erstens: Die Kirche hat die Wahrheit ritualisiert, und damit ist sie kaum mehr erfahrbar für die Menschen. Am Sonntag in der Kirche läuft da irgend etwas ab, und es wird mühselig eine Wirklichkeit hereingeredet, die sich gewissermaßen unmittelbar auf dem Kirchplatz oder Marktplatz abspielt. Darauf trauen wir uns nicht zuzugehen, weil wir fürchten, es könnte schief ausgehen, und die Leute könnten uns sagen, ‚ihr habt nicht die Antwort für uns'. In der Kirche gibt es kaum Widerspruch; da können wir immer so tun, als wenn wir die Antwort hätten. Aber wir brauchen sie nicht zu testen, ihre Tragfähigkeit auszuprobieren. Bei diesen Jungs dort draußen mit dem Hund, dort müßte die Wahrheit ins Gerede gebracht werden. Davor hüten wir uns und ritualisieren das Problem lieber. Das ist der eine Punkt. Ich denke schon, daß uns da wieder aufgehen müßte, daß Jesus auf Straßen und Plätze gegangen ist und von seinen Jüngern nicht fünf Jahre Theologiestudium, sondern das Mitgehen erwartet hat, und daß die Wahrheit im Unterwegs-Sein „gesprächsweise" ergeht.

Drewermann:
Genau gesagt: Jesus ergreift Partei für den verlorenen Sohn. Wir aber für den Vater.

Schorlemmer:
Ja, klar.

Drewermann:
Und wir drehen damit das ganze Gleichnis gegen sich selber schon durch die Faulheit, das Wagnis zu bestehen, dem verlorenen Sohn wirklich nachzugehen.

Schorlemmer:
Das Zweite ist: Die Kirche – ich muß an dieser Stelle wohl sagen –: unsere Kirchen haben eine schwer abtragbare Schuld auf sich geladen, indem sie den Menschen im wesentlichen nicht O.-K.-Gefühle vermittelt haben. In redlicher Absicht auch, auch in redlicher Absicht, indem sie ihnen klarmacht, wie gefährdet sie sind, wie sündig sie sind, gerade um sie vor Sünde zu bewahren. Aber sie hat sie zu wenig bestärkt in dem Vertrauen: Wir können anders. Nein, die Kirche hat ihnen nochmal und nochmal gesagt: Ihr seid überhaupt nicht o. k. Sie hat damit gleichzeitig Macht ausgeübt. Leute, die man kleinmacht, über

die kann man Macht ausüben. Leute, die man stark macht, die brauchen einen dann nicht mehr. Wir aber meinten, sie klein machen zu müssen, damit sie uns brauchen. Das funktioniert nicht mehr. Die Leute lassen sich von uns nicht noch einmal klein machen. Deswegen kommen sie nicht. Die Folge ist, daß nahezu alle Schuldprobleme verdrängt, überspielt werden. Aber ich verstehe Bibel ganz anders. Mir wird gesagt, wer ich wirklich bin, auch das Erschreckende. Es wird Selbsterkenntnis befördert, die dann etwas Befreiendes bekommt. Ich sehe nämlich auch einen Weg für mich, aber ich verschleiere mir die Wahrheit nicht. Das ist das Große in der Bibel, das Große des „evangelischen" Menschenbildes: Ich brauche mir nichts zu verschleiern, und ich gewinne Aussicht als ein Befreiter, der seiner Gefangenschaft in sich selber entkommen ist. Wenn ich Bibeltexte interpretiere und so sehr auf der Bibel bestehe, dann hat das noch einen anderen Grund: Ich bin ein überzeugter Flachländer. Ich habe einen langen Weg vor mir, wo ich den Horizont sehe, aber nicht sehe, wo der Weg endet. Ich gewinne unterwegs Erkenntnisse. Manchmal ist das ein sehr mühsamer und langer Weg. Von denen, die in Gebirgen zu Hause sind, weiß ich, welch unglaublich schöner, befreiender Prozeß es ist, wenn man endlich auf den Berg gelangt ist. Und dann kehrt man wieder zurück in die Niederungen, hat lange Abstiege vor sich ...

Drewermann:

Die meisten fahren im Sessellift hoch und verschandeln die Alpen.

Schorlemmer:

Ich weiß von Gebirgswanderern, wie schön es ist, wenn sie endlich zu dem Punkt gekommen sind, an den sie wollten. Plötzlich haben sie einen wunderbaren Augenblick, haben sie den Gipfel erklommen, Höhepunkt, Weitblick. Mühe können wir uns nicht ersparen. Religion ist in diesem Sinne auch die beständige Mühe des Menschen um sich selbst, ganz und gar, vor weiten Horizonten, im Auf und Ab.

Drewermann:

Es wäre ja wunderbar, wenn wir sagen würden: Die Bibel, in dieser Weise verstanden, in der wir beide völlig eins sind, steht womöglich am Ziel, als erklärendes Wort eines Wegs, der sich wagt. Aber für ganz problematisch halte ich, die Bibel als Ausgangspunkt zu verwenden. Wir können nicht ein Buch nehmen und sagen: Das ist, im Wortlaut von vor zwei- oder dreitausend Jahren, die einzig gültige Beschreibung des Menschen. Wie wir die Bibel verstehen müssen oder dürfen, ist ja nur im Kontext heutiger Erfahrung zu beschreiben. Selbst was darin als „Offenbarung" gelten kann, wird ja nicht mitgesagt, sondern hat in der Geschichte der kirchlichen Auslegung alle möglichen bewußten oder unbewußten Fehlformen erfahren. Einmal zugespitzt gesagt: Es ist der Erfahrungsraum der Liebe selber, der uns erklärt, ob und wo in der Bibel Gottes Offenbarung vorkommt, ob, mit Martin Luther gesprochen, dies jetzt ‚Christum treibt' oder nicht, ob hier eine Strohepistel vorliegt oder nicht, – selbst innerhalb des Kanons der Bibel. Konkret: Wenn zum Beispiel in der Bibel steht, daß eine Frau, die eine Hose trägt, als Hexe verbrannt gehört, so wissen wir zumindest heute, 200 Jahre nach den Hexenverbrennungen, daß das nicht die Liebe treibt und Unfug ist, wenn es als Gottes Wort ernstgenommen wird. Und ähnlich verhält es sich an tausend anderen Stellen. Was „Bibel" als Gotteswort ist, erklärt sich einig im Licht der Liebe, und also ist einzig die Liebe der wahre Ausgangspunkt aller Schriftauslegung. Und deshalb: So schön Sie eben den Paulustext von 1 Korinther 13 auch ausgelegt haben, so möchte ich doch die Reihenfolge umkehren. Wenn der Apostel sagt, es ist der Glaube, die Hoffnung und die Liebe, die uns bleiben, und hinzufügt: die Liebe ist das Größte, so kann es ja nicht ganz falsch sein, zu sagen, die Liebe sei die Grundlage von allem, sie sei die Zusammenfassung, der Zielpunkt von allem. Und dann müßte man ja andersrum formulieren; man müßte sagen: Der Liebe wegen glaube ich an vieles, und ich werfe sogar über die Ränder der Verzweiflung ein Stück Hoffnung in eine jenseitige Welt; und ausgehend von der Liebe gestalten sich dann die Glaubensinhalte des Religiösen.

Und so jetzt konkret bezogen auf die Bibel auch: Der Ausgangspunkt, der mir realistisch scheint, wenn wir von Religion reden, ist das Leben der Menschen heute. Dann kann es doch sein, daß die Leute uns von ihrem Leben her sagen, was wir beide, die wir die Bibel einigermaßen kennen, damit in Verbindung zu bringen haben. Und es wäre für uns Theologen nur von Vorteil.

Wir könnten die Bibel im Unterricht, auf der Kanzel, im Bibelkreis ganz anders einbringen, gingen wir von diesen Bezugsfeldern des wirklichen Lebens aus.

Leute, die die Bibel überhaupt nicht kennen, eine Frau beispielsweise, die gerade dabei ist, sich von ihrem Mann scheiden zu lassen, erzählt mir – nicht, wie Moses und Israel aus Ägypten ausgezogen sind, aber sie erzählt mir –, wieviel Angst sie hat; – sie ist jetzt sozial völlig ungesichert; ihr ist die gesamte Vergangenheit wie verbrannt; sie trägt aber in sich ein bestimmtes Gefühl, daß sie es in diesem Zustand der Knechtung, der Versklavung nicht mehr aushalten kann, daß sie die Freiheit braucht, um zu leben – wohl hat sie Angst, was ihr Mann tun wird; auch weiß sie nicht, wie es weitergehen wird. Aber gerade mit all dem, was sie mir so erzählt, interpretiert sie auf das Beste und Genaueste die biblische Szene, wie ganz Israel, die Streitwagenabteilungen des Pharao im Nacken, nur noch das Meer und die Wüste vor sich, nicht weiter wußte. Das einzige, was ich in diesem Moment tun kann ist, diese Frau zu begleiten, bis sie den Mut findet zu leben wie Israel jenseits des Roten Meeres – von der Hand in den Mund, jeden Morgen Koriandersamen zwischen den Steinen sammelnd, die Gott schenkt an jedem Tag neu.

Mehr zu wissen ist nicht nötig. Ich, der ich die Bibel kenne, bringe die Geschichte dieser Frau mit der Freiheitsgeschichte Israels in Verbindung. Aber ob ich der Frau je sagen werde: ‚Das steht in der Bibel', hängt davon ab, wie weit sie überhaupt zu diesen kirchlich-religiösen Themen Zugang findet. Es ist im Prinzip auch nicht wesentlich, und das ist entscheidend. Wohl danke ich Gott auf den Knien, daß er die Geschichte des Moses im Leben dieser Frau wiederholt. Aber selbst um das so zu sehen, darf man die Bibel nicht historisch lesen, man muß sie vielmehr symbolisch lesen; man muß sie nehmen als eine Geschichte, die nicht Informationen von vor 3000 Jahren bieten will, sondern die im heutigen Leben spielt. Damals wie heute!

Wenn wir uns in dieser Weise erlauben würden, die Bibel symbolisch auszulegen, hätten wir in ihren Erzählungen eine Beschreibung verdichteter menschlicher Existenz vor uns. Wir würden nicht Fakten der Historie unseren Zuhörern vermitteln wollen, sondern wir würden ihnen Aufforderungen geben, ein Entsprechendes im eigenen Erfahrungsraum wiederzufinden und zu gestalten.

Vor einer Weile sagte mir ein Lehrer: ‚Wie Sie die Bibel vermitteln möchten, funktioniert es – nur fast zu gut.' Jetzt fragen mich die Schüler: ‚Was mache ich mit dem Vater, der wie ein Pharao da sitzt?' Da weiß ich nicht weiter.

Schorlemmer:

Das wüßte ich auch nicht.

Drewermann:

Das muß man auch nicht – so wenig wie Moses damals. Es genügt, die Schulklasse, die Schülerinnen und Schüler, erzählen zu lassen, was sie zu Hause erleben. Dann wird die Bibel mit einem Mal eine Anregung, sich selbst zur Sprache zu bringen, eine Erlaubnis, das eigene Leben zum Kommentar diesen Texten zur Seite zu setzen.

Dann scheint mir die Spannung, in der wir jetzt beide stehen, identisch mit einer Spannung, die es ja in der Bibel selber gibt. Sie sagen als Vertreter der kirchlichen Institution: „Die Bibel ist unverzichtbar." Ich aber will ja nicht bestreiten, daß in der Bibel vieles Nützliche steht. Nur: Statt ‚sola scriptura' (das Lutherische: einzig die Bibel) sollten wir als erstes ‚sola gratia' (das Lutherische: einzig die Gnade) setzen. Und in dem Raum der Erfahrung: nur die Güte läßt leben, kämen wir vermutlich auch zur Bibel hin. *Gratia* (Gnade) heißt ja soviel wie: „Du darfst leben, du darfst sein." Daraus gestaltet sich dann alles, was in der Bibel steht.

Der Spannungsraum, in dem wir an dieser Stelle unseres Gesprächs uns befinden, ist eigentlich klassisch: der des Propheten und des Priesters oder sagen wir: des kirchlichen Predigers und des Therapeuten. Im Bilde gesprochen: – der Eine, der Priester, der kirchliche Verkünder, kommt vom Berge Gottes herab in die Niederungen der Menschen mit einer großen Vision, die Gott uns geschenkt hat und versucht, sie den Menschen nahezubringen, überzeugt davon, daß anders Licht in ihr Leben nicht werde kommen können. Umgekehrt geht der Therapeut mit den Leuten in die Abgründe des Inferno hinunter und versucht, aus ihren Magmamassen etwas herauszuholen, aus dem sich später einmal Häuser und Wohnungen bauen lassen. Beide vermutlich gehen auf dasselbe Ziel zu. Ich bin mit Ihnen einig: Um Menschen durch die Verzweiflung zu begleiten, muß ich oft an weit mehr glauben, als die Leute selber wissen können, und da ist die Bibel für mich als Therapeut, als Priester, eine wichtige Grundlage. Die Leute aber müssen die Chance haben, ihren eigenen Weg zu finden, und ob dieser Weg bei der Bibel endet oder nicht, ist zunächst einmal nicht das Wichtige – wenn sie nur zu sich selber finden! Ich glaube, daß Jesus in diesem

Sinne hat wirken wollen – nicht, indem man ein Buch über ihn schreibt.

Mir ist ganz erstaunlich an dem Mann aus Nazareth auch dieses: Hätte er sich, wie der chinesische Weise Lao-Tse der Legende nach, auch nur zwei Nachmittage lang einmal hingesetzt, um ein Konzentrat seiner Lehre, ein paar Sätze, die ihm wichtig sind, richtig aufzuschreiben, was bliebe uns Theologen da erspart bei all dem exegetischen Forschen, was nun historisches und authentisches Jesuswort sei und auf welcher Stufe der Tradition man das nun einordnen müsse! Jesus hat in Wirklichkeit nicht eine einzige Zeile uns schriftlich überlassen, offenbar doch in dem Vertrauen, daß das nicht nötig sei, sondern daß, wenn Menschen entfacht würden von derselben Glut, von dem Feuer, das er auf die Erde werfen wollte, sie sagen könnten, was sie wollten, es würde doch die Temperatur richtig weiter vermitteln. Ein Beispiel dafür, daß dies erlaubt ist, erlaubt sein muß, stellt vor allem das Johannes-Evangelium dar: Es läßt Jesus in langen Reden zu Wort kommen, und doch enthält es, historisch betrachtet, so gut wie kein einziges echtes Jesus-Wort. Nicht der Jesus der Vergangenheit, sondern der Jesus einer zeitlosen Gegenwart redet da.

So gesagt, ist selbst die Bibel nichts weiter als der Aschenrest einer göttlichen Glut. Jedes Buch, das Menschen schreiben in Blei und Druckerschwärze, ist nichts weiter als ein ausgeglühtes Leben. Und um es richtig zu verstehen, muß man in die Flamme blasen, um die Glut darin wiederzuerwecken; aber man sollte sich nicht die Hände und das Gesicht mit der Asche beschmutzen. Man sollte lernen, sich vom

Herd unabhängig zu machen und durch eine Kette der Feuerstaffeln durch die Geschichte zu gehen.

Schorlemmer:

Das ist ein gutes Bild. Ich geh mal wieder zum Herd zurück. Ich kann gar nicht anders, vielleicht hängt das auch mit schneller erkennbaren Grenzen zusammen, daß ich mir das nicht anders zutraue, als immer wieder zum Herd zurückzukehren oder vom Berg herunterzukommen. Aber ich muß Ihnen eins dazu sagen, damit es nicht falsch wird: Während ich vom Berge Tabor zurückkehre, sehe ich die Massen von Müll, die dort liegen und sage: ‚Das ist auch mein Müll, das bringt mich auch in Gewissensqualen.' Ich sehe vom Berge Tabor zurückkehrend die kranken Bäume und frag' mich, warum haben wir in Rio beim Erdgipfel nichts erreicht? Ich sehe die Reste der Bunker, die in das Bergmassiv reingehauen sind und die Sinnlosigkeit des Krieges, der da gemacht wurde. Oder, wenn man so will, ich komme mit den Erkenntnissen des Berges von Tabor und habe die Zeitung in der Hand, und da steht etwas über die Zinssteuer, über die Skandale bei der Treuhand und über den Streitfall ‚Amnestie und Versöhnung'. Also: Ich komme mit der Zeitung in der Hand und frage: ‚Warum ist das so? Was spielt sich hier ab? Wer darf hier sagen: SED-Funktionäre, die an der Unterdrükkung ihrer Landsleute mitgewirkt haben, haben keine Milde verdient? Da werde ich wütend, da werde ich unglaublich wütend, wenn Michael Glos, CSU-Landesgruppenvorsitzender im Bundestag, das sagt. Was hat der denn ausgehalten, und was ist denn im Saustall Bayern los? Was heißt denn hier – ‚keine Milde verdient?' Wer darf das sagen gegenüber einem Mann, der in kritischen Situationen zu handeln wagte wie Hans Modrow? Da kommt mich der unheilige Zorn an, mit dem heiligen Buch in der Hand. Und das heilige Buch lehrt mich, mit meinem Zorn so umzugehen, daß ich mit Michael Glos den nächsten Briefwechsel führen kann, ohne ihn in seinem Verdacht zu bestätigen, ich sei vielleicht doch einer von der anderen Seite, infiziert von kleinen Kommunisten. Ich lese die Bibel genauso genau wie die Zeitung. Vor ein paar Jahren habe ich mal geschrieben – als die DDR noch existierte –, man muß heute die Zeitung genauso genau lesen wie die Bibel. Da haben die gedacht, in der Redaktion, ich hätte mich verschrieben und haben das ‚genau' weggelassen, und da stand dann ‚genauso lesen, wie'. Was da losging in der protestantischen Kirche! Ich meinte, man müsse die Zeitung als auch die Bibel lesen, genauso, mit dem selben Sachverstand, kritisch, gucken, was ist eigentlich los in dieser Welt, und dann genauso in der Bibel gukken, was ist denn da los? Dann liest man die Bibel in vielen Teilen auch als eine schreckliche Zeitung. Ich bin, wenn ich die Bibel lese, mittendrin in allen menschlichen Problemen. Also: Ich denke stärker – das stimmt schon – prophetisch, politisch, Sie stärker therapeutisch, gegenüber dem einzelnen. Die Bibel ist für mich ein Steinbruch, in dem ich viel Unglaubliches, Unverzichtbares finde, ohne das ich überhaupt nicht durchkäme mit dem Leben. Ich käme gar nicht durch beim Lesen der Zeitung, wenn ich nicht die Bibel hätte.

Drewermann:

Ich glaube, daß, wenn Sie von der Bibel sprechen, Sie eigentlich etwas Ähnliches meinen, wie wenn ich von der Liebe spreche oder von der Notwendigkeit einer anderen Erfahrungsdimension als der nur politischen. Es war ja auch in meinen Augen fast tragisch, was sich ereignet hat, als Sie damals dazu aufgefordert haben, mit den Stasi-Akten einmal anders umzugehen, als sie politisch zu instrumentalisieren. Das Vergeben und Verstehen ist auch in meinen Augen eine zutiefst religiöse Botschaft. Die aber wurde sofort politisch (miß)verstanden und geriet in einer unsinnigen Kampagne schon bald unter die Räder. Das ist die Not. Ich begreife deswegen sehr gut, daß Sie sagen: Ich kann doch Politik nur machen mit der Bibel in der Hand, gewissermaßen. Mir aber scheint, „die Bibel in der Hand" sei nur die Umschreibung für das, was auch ich meine: Man muß an sehr viel mehr glauben als an das, was Menschen machen, um mit Menschen nicht alles machen zu lassen und um mit sich selbst im Gleichgewicht zu bleiben.

Schorlemmer:

Und um nicht zu verzweifeln.

Drewermann:

Ja! Wovon sprechen wir dann aber jetzt? Mich empört genauso wie Sie das Desaster des Gipfels in Rio, die Zerstörung der Umwelt, die Vernichtung der tropischen Regenwälder, die Querschnittlähmung, die wir in ein paar Jahren durch die ganze Evolution legen. Ich finde aber in der Bibel im Grunde nicht bloß keine Antwort auf diese Probleme, sondern ich finde in der Bibel sogar die Grundlage jener falschen anthropozentrischen Perspektive, in der verbleibend wir dieses Desaster anrichten. Ohne die Bibel abwerten zu wollen, ist sie doch gebunden an einen bestimmten kulturellen Entstehungsraum, den wir in Gefahr kommen als göttlich absolut zu setzen und unverändert zu verewigen, statt kritisch zu lesen und notfalls ihn zu relativieren.

Genauer gesagt: In der Bibel ist es eine ganz normale Vorstellung, daß Krieg so viel sein kann wie Gottesdienst; nicht nur in den Tagen des israelitischen Königtums, sondern bis hin zum letzten Buch des Neuen Testamentes, bis hin zur Apokalypse, ist das so. Es ist sehr schwer in meinen Augen, die Bibel zu verwenden, um pazifistische Optionen auszusprechen. Humanen Zielen der Neuzeit gegenüber erscheint die Bibel erst einmal wie ein theologischer Steinbruch. Selbst das Lieblingszitat der Friedensbewegung von den Schwertern, die zu Pflugscharen werden, ist ja eine biblische Verfälschung zugunsten einer wohlgemeinten Propaganda, denn den Zustand des Friedens stellt Jesaja erst in Aussicht, wenn der Heilige Krieg zugunsten des Gottes Jahwes siegreich beendet sein wird, wenn wieder einmal die Richtigen gesiegt haben werden, wenn – in unseren Tagen – die pax americana weit genug gediehen ist, dann natürlich können wir abrüsten. Immer aber erst dann! Was wir tatsächlich aber benötigen ist doch, daß man einmal vorher abrüstet, noch ehe der Endsieg errungen ist.

Was uns Deutsche angeht, sollten wir die Hausarbeiten machen: Zunächst einmal sollten wir das Gewaltmonopol einer zentralen Regierung aufbauen helfen, indem wir die Rüstungsindustrie zerschlagen – die national in Deutschland derzeit geradewegs boomt. Darüber muß man politisch diskutieren. Von der Bibel her, in der viele Aussagen aus ganz verschiedenen Zeiten stehen, ist es in jedem Falle sehr schwer, zu einer einigermaßen klaren Aussage in Fragen dieser Art zu kommen. Und selbst wenn wir dazu gelangen würden, so werden Ihre Politikerkollegen selbst von der SPD immer noch sagen: „Die Bergpredigt funktioniert politisch nicht, und wir müssen allen christlichen Ayatollahs widersprechen. Die Bibel taugt nicht als Grundgesetz. Sie taugt nicht dazu in einer pluralen Gesellschaft." Daran ist sogar etwas Richtiges.

Mein Problem mit der Bibel aber ist noch viel größer. Speziell in der Umweltproblematik scheint es mir leicht demonstrierbar zu sein, wie begrenzt das biblische Weltbild ist und wie stark seine Begrenzung, bis in die Gegenwart hinein, zerstörerisch wirkt. Es war Arthur Schopenhauer, der erste große, atheistische Philosoph im Abendland, der das gesamte jüdisch-christliche Weltbild dafür schuldig sprach, gegen die Tierquälerei (gegen die Umweltzerstörung, würden wir sagen) kein energisches Wort zu finden, weil es in der Bibel ein solches Wort nicht gibt. Unter den 613 Gesetzen des Alten Testamentes findet sich nicht ein einziges, das für irgend eine geschundene Kreatur energisch Partei ergreift. Es gibt gerade noch den Satz von dem dreschenden Ochsen, dem man das Maul nicht verbinden soll, und von dem Vogelnest, das man nicht ausnimmt; das aber war's dann! In Diskussionen über dieses Thema mit einem Kollegen, der sagte: Die Bibel hat aber umweltrelevante Texte –

bei Habakuk zum Beispiel steht, man soll die Zedern des Libanon nicht abschlagen – sagte ich: Ich wette meinen Kopf darauf, daß dieser Text nicht umweltbezogen ist und nicht ökologisch gemeint ist; es wird bestenfalls um die Besitzrechte der Zedern des Libanon gehen. Und genau darum ging es!

Mit anderen Worten: Das biblische Weltbild setzt unter den Augen Gottes den Menschen ins Zentrum der gesamten Weltbetrachtung. Der Kosmos ist da nichts weiter als die kurzlebige Bühne für den Auftritt des Menschen. Allein schon die Zeitparameter, die in der mythischen Religion des Alten Ägypten in vielen Hunderten von Jahrmillionen konzipiert waren, ähnlich in Indien, ähnlich in Persien, schrumpfen in der Optik der Bibel zu einem Zeitrahmen von ganzen 8000 Jahren zusammen, – das ist so viel wie vom Neolithikum bis heute. Mehr an Geschichte, und schlimmer, mehr an Welt, will man und braucht man da überhaupt nicht, um die Welt, um Gott zu verstehen. Unter diesen Voraussetzungen gibt es keine Ethik, die die Welt als erhaltenswert vor den Menschen schützen würde. Im Gefälle der biblischen Ethik ist die Natur nicht an sich selber zu schützen; sondern an jedem Punkte, wo es dem Menschen nützt, ohne ihm selbst zum Schaden zu gereichen, darf man, muß man sie benutzen, notfalls zerstören.

Darin liegt ein zentrales Problem, das man leicht erkennen kann, wenn man hinüberschaut etwa zu den Religionen Indiens, zu dem Buddhismus, zu dem Hinduismus oder zu den mythischen, antiken Religionen, die zeitgleich zur Bibel waren. Dann sieht man, wie vieles mit Gewalt verdrängt beziehungsweise bewußt ausgeklammert wurde, um in Religion und Anthropologie einen völlig neuen Akzent zu setzen, wie kämpferisch-polemisch da über Mensch und Kreatur gehandelt wurde. In all dem müssen wir uns erlauben, die Bibel zu korrigieren, indem wir sie mit den Fragestellungen und Einsichten von heute konfrontieren und immer wieder vergleichen mit der Weisheit fremder Religionen. Wieso auch sollte Gott nur geredet haben in einem einzigen Buch? Das wäre doch sonderbar!

Daß Gott auch zu anderen Zeiten zu anderen Völkern gesprochen hat, ist geradezu identisch damit zu sagen, das Reden Gottes gehe doch auch in der Gegenwart mit uns weiter. Dann freilich scheint mir der Erfahrungsraum des Einzelnen in der Therapie auf etwas hinzuweisen, das tatsächlich etwas Spezifisches in der Bibel darstellt, wenngleich es in seiner Menschlichkeit sich leicht evident machen läßt: Kein Mensch kann leben ohne Akzeptation, ohne Begleitung wenigstens eines Menschen durch all die Katastrophen, das Scheitern, die Fehler seines Lebens. Das ist auch für mich ein wichtiges Anliegen, mit der Bibel zu sagen: Mein Gott, wie verführbar können Menschen sein! Was haben etwa in der Diktatur der alten DDR Menschen miterlebt! Und umgekehrt: Wer will da über Menschen richten?

Solche Einsichten stehen in der Bibel, und sie sind buchstäblich lebensnotwendig. Und doch handelt es sich gerade deshalb um Wahrheiten, die man als erstes menschlich verstehbar machen muß. Es nutzt ja nicht, wenn Sie rein bibeltheologisch darauf hinweisen, daß das im Grunde wieder die Aussage der Geschichte von Johannes 8, 1–11 ist. Daß etwas in der Bibel steht, ist noch kein Argument. Aber wenn Sie sagen: Die Menschen zerbrechen unter einer Gesetzgebung, innerhalb deren für Verstehen und Vergeben angesichts geschichtlicher Schuld kein Platz mehr bleibt, eine solche Gesetzgebung bedeutet soviel wie das Zerbrechen menschlicher Gemeinsamkeit, auch und gerade im Zustandekommen von Schuld, dann müßte sich verständlich machen lassen, daß das soziale Klima nicht nur kalt, sondern unmenschlich wird, wenn es keine Räume der „Gnade" mehr gibt.

Alle Evidenz, die Sie der Bibel zusprechen, gewinnen Sie deshalb im Grunde aus dem humanen Bereich. Und das geht auch völlig in Ordnung – seit 500 Jahren spätestens in Europa. Deshalb sollten wir von dem Bereich des Humanen her auf die Bibel zurückgreifen, um von daher die Gegenwart zu bestehen. So zu tun, ist auch meiner Meinung nach unerläßlich. Wenn ich die Zeitung morgens lese und höre die Politiker sagen: Tornados für Bosnien, so weiß ich es nicht besser, als auf den Mann aus Nazareth zu hören, der mich glauben macht, es ließe sich gegen Gewalt doch Güte setzen, gegen Verbrechen doch Verstehen setzen, gegen Unmenschlichkeit doch Gemeinsamkeit setzen. Wem, wenn nicht ihm, würde ich das glauben? Und dieses Vertrauen verdanke ich der Bibel, das stimmt. Aber es müssen Menschen mich lehren, was da gemeint ist. Es müssen Menschen mit ihrer Menschlichkeit mir erklären, wer Jesus ist. Die Bibel an sich ist zunächst nur ein Buch.

Schorlemmer:

Es ist eine bestürzende Erkenntnis für uns, daß die christliche Tradition diesen weltzerstörenden Anthropozentrismus mitverschuldet hat, den es nirgendwo so gibt. Die Ausbeutung (!) der Schöpfung konnte so effizient und so expansiv um die ganze Welt gebracht werden, daß die christliche Religion uns mit Hilfe unserer europäischen Zivilisationsform (also mit der Macht der Technik, mit der wir die Welt beherrschen) in eine Schuldverstrickung gebracht hat, deren Ausmaß wir noch längst nicht erkannt haben. Wir haben die Macht, die Welt zu zerstören. Unsere Macht, die gleichzeitig der Ausdruck unserer letzten Ohnmacht ist! Unsere Art mit Welt umzugehen, könnte das wunderbare Spiel Gottes zu Ende bringen, und das ist absehbar. Das massenhafte Artensterben läßt uns weitgehend unberührt. Was mit den nächsten Generationen geschieht, scheint praktisch belanglos zu sein. Das hat Züge eines Selbstgerichts!

Drewermann:

Auch mich hat es außerordentlich betroffen gemacht, mitzuerleben, daß wir es in 60 Jahren fertigbekommen, die tropischen Regenwälder zu vernichten, für deren Aufbau die Natur seit der Kreidezeit über 60 Millionen Jahre gebraucht hat. Das geht tagaus, tagein so weiter: In 30 Jahren schon sind wir damit fertig! Selbst wenn Sie die Formel gebrauchen, die in ihrer Dramatik griffig ist – wir Menschen richten die Welt zugrunde –, ist aber selbst das noch ein Stück anthropozentrischer Hybris. Wir richten die Welt nicht zugrunde, allenfalls uns selber und die Lebewesen an unserer Seite. Wir müssen nur mal die geologischen Maßstäbe zurechtrücken. Es gibt unsere Spezies erst seit etwa 2,7 Millionen Jahren. Das ist für die Evolution ein winziger Zeitrahmen. Uns aber vorzustellen, wie unsere Spezies in 2,7 Millionen Jahren aussehen könnte, ist vollkommen unmöglich; auch nur für ein paar tausend Jahre in die Zukunft zu schauen, ist gar nicht denkbar, obwohl wir in den Atommeilern heute Fakten schaffen, die wir noch in 24000 Jahren verantworten müssen – bei der Diskussion um die radioaktiven Endlager jetzt in Gorleben zum Beispiel spielt das eine Rolle. Kein Mensch weiß, wie eine solche Distanz von über 20000 Jahren verantwortlich durch die Zeit zu tragen wäre.

Was die Geschichte auch nur unseres kleinen Planeten angeht, so hat das Leben darauf eine Chance von mindestens noch – sagen uns die Astronomen – mehr als 2 bis 5 Milliarden Jahre; so lange wird unser Zentralgestirn, die Sonne, aushalten, bis es zu einem roten Riesen und dann zu einem weißen Zwerg wird. Zwei Milliarden Jahre, das bedeutet, daß selbst wenn die Menschheit ihre kleine Welt ausrottet, die Natur genügend Möglichkeiten hat, noch – was wollen wir schätzen – 2mal, 5mal das Wagnis zu starten, ob es nicht intelligente Wesen auf diesem Planeten geben könnte – vielleicht solche, die auf dem Weg einer vegetarischen Lebensform hervorgebracht werden und nicht gelernt haben, ständig zu töten, um leben zu können, die also friedfertiger wären und bessere Chancen zum Überleben hätten als unsere vor Angst halb wahnsinnige Spezies.

Also: Wir richten diese Welt nicht zugrunde, nur unsere eigene kleine Menschenwelt stehen wir sehr in der Gefahr zu ruinieren – dem stimme ich zu.

Dann muß ich hinzufügen, daß die Technik, die wir nicht gerade biblischem, wohl aber wesentlich griechischem Erbe verdanken und durch die Vermittlung der Araber im Abendland haben entwickeln können, heute in einen Hohlraum fällt, den wir theologisch mitverschuldet haben durch eine allzu fromme Bibelgläubigkeit.

Wenn ich eben sagte: der Rahmen, in dem die Bibel die Natur betrachtet, sei zu eng und stelle den Menschen moralisch vor allem zu einseitig als Achse der Verantwortung der Welt gegenüber, so liegt darin zum anderen auch, daß eine Weltinterpretation nicht zutrifft, nach welcher Gott die Welt gemacht haben soll, wesentlich um das Glück der Menschen darauf zu fördern. Ein derartiger Interpretationsansatz taugt überhaupt nicht, um die Gesetzmäßigkeit der Natur zu verstehen, er taugt insbesondere nicht, um auf die zahllosen und offensichtlichen Absurditäten der menschlichen Existenz zu antworten; er ist einfach ungeeignet, um Krankheit, Tod, Alter, Katastrophen aller Art auf dieser Erde zu verstehen. An dieser Stelle stimme ich Ihnen sehr zu, wenn Sie eben sagten, es sei doch wie in den Tagen des Hiob: Wir sitzen tatsächlich, glaube ich, da und leiden an einer Welt, die wir nicht begreifen, und alles wartet darauf, daß den ehrlich Fragenden Gott sich noch einmal neu zeigt, und zwar durch die Natur.

Es sind heute die Naturwissenschaften, die uns die eigentlichen religiösen Fragen wieder nahebringen. Paradoxerweise hat jeder Schritt der letzten 500 Jahre – nennen wir die Meilensteine: Kopernikus, Darwin und Freud – eine narzißtische Kränkung des biblischen, des genuin christlichen Weltbildes heraufbeschworen. Wir stehen nicht im Mittelpunkt des Kosmos. Wir stehen nicht einmal im Mittelpunkt der Lebensstrategie der Evolution auf dieser Welt – selbst wenn wir im Moment ihren alternativelosen Höhepunkt zu repräsentieren scheinen. Wir sind auch nicht Herr im Hause unserer eigenen Psyche. Fakt ist, daß wir hervorgegangen sind aus über 250 Millionen Jahren Säugetier-Evolution und daß wir die wichtigsten Gefühle mit den Tieren gemeinsam im Zwischenhirn in uns tragen. Schon allein aus dieser Tatsache müßte hervorgehen, daß wir aus den Naturwissenschaften neue ethische Konsequenzen ziehen sollten. Wenn wir feststellen, daß Tiere Gefühle haben analog zu uns Menschen, sollte daraus die Pflicht hervorgehen, mit ihnen umzugehen analog wie mit uns selber. Statt dessen aber nehmen wir uns jedes Recht zur Massentierhaltung, zu Millionen Tierversuchen in den Pharmalabors, zu den Massenschlächtereien an den Peripherien unserer Großstädte; und wir tun das alles mit gutem Gewissen, eben weil es vermeintlich uns Menschen nützt. Aber so darf es nicht bleiben. Schopenhauer hat wirklich recht: Diese Welt ist für die Tiere die Hölle, und ihre Teufel sind die Menschen.

Eben deshalb muß man dem christlichen Weltbild, begründet in der Bibel, mit Macht widersprechen. Es darf so wie bisher nicht weitergehen.

Hinzu kommt dialektischerweise aufgrund des falschen Welt- und Menschenbildes wesentlich ein Defizit an Vertrauen. Der Fortschritt der Naturwissenschaft wurde Schritt für Schritt erkauft nicht nur mit dem Kampf gegen den Kirchenglauben, sondern zugleich mit einem Anwachsen des Atheismus. In den leeren Räumen des Kosmos, in den scheinbar blind mechanistischen Naturgesetzen, in der unglaublichen Ziellosigkeit zwischen Versuch und Irrtum in den Naturgesetzen ist das alles nicht mehr auffindbar, was die Bibel und das Christentum den Menschen als Vorsehung Gottes zu glauben vorgelegt hat. Und mir scheint, daß wir in diese gottleer gewordenen Räume hinein die Technik schicken, um die alten illusionären Ansprüche, die wir biblisch gestützt an die Natur richten zu können geglaubt haben, trotzdem zu erfüllen. Wir wollen im gewissen Sinn die göttliche Vorsehung, die uns unglaubwürdig ist, durch Staat, Gesundheitsamt, medizinische Versorgung, soziales Netz und anderes, durch menschliche Vorsorge in jedem Falle ersetzen. Daran im Grunde glauben die Bundesbürger wirklich. Nicht an den Kirchengott vom Sonntagvormittag, sondern an die Rentenversicherung, an die Altersversicherung. Das sind die Dinge, um die man sich in unserer Republik kümmern muß, spätestens wenn man 20 wird. Das ist der wirkliche Herrgott unserer Bevölkerung. Was uns unbedingt angeht im Sinne Paul Tillichs, ist nicht ein Gott im Himmel, sondern was Herr Blüm nächstens beschließt oder was Herr Kanther festsetzt.

Schorlemmer:

Dem Szenarium, das Sie jetzt entworfen haben, muß ich leider zustimmen. Ich würde Ihnen so gerne widersprechen wollen. Ich möchte gerne, daß Sie unrecht haben und will doch auf die schmalen Brücken verweisen. Sie sind schmal, aber wir haben sie. Wir haben unterdrückte Traditionen, die die Natur einbeziehen, die den Lobpreis der Schöpfung einbeziehen, wo „die Berge in die Hände klatschen". Der Psalm 150, der Psalm 104 sind ja Brücken. Die haben wir einfach weggedrängt, weil das der Herrschaft des Menschen, also unserer Selbstbezogenheit widersprach. Oder wir haben lange Zeit einen Theologen wie Franz von Assisi für einen liebenswürdigen Spinner gehalten. Wir Protestanten haben Albert Schweitzer ebenso für einen liebenswürdigen Spinner gehalten, dessen Beispiel eben nichts Übertragbares zugemessen wurde. Denken Sie an seine Ehrfurcht vor dem Leben: „Ich bin Leben, das leben will, mitten unter Leben, das leben will." Wenn nur dieser Satz uns trüge in allem, was wir tun, jeden Büschel, den wir vernichten, jeden Baum, an dessen Rinde wir fahren, wenn dieser eine Satz uns nahe käme, käme Rettung.

Drewermann:

Das ist das Wunderbare, Herr Schorlemmer, an Ihnen, daß wir undogmatisch reden können, und kommen wir zu menschlichen Problemen, sind wir uns sofort einig.

Da wir eben von der Bedeutung der Bibel sprachen, gibt es da ja eine erstaunliche Feststellung. Immer, wenn wir Texte suchen, die umweltfreundlich in der Bibel klingen, dann treffen wir auf heidnische Einflüsse. Der Psalm 104 entstand nach dem Sonnengesang Echnatons – aller Wahrscheinlichkeit nach. Da hat die Bibel im Abstand von etlichen 100 Jahren gelernt von Kulturen an ihren Rändern, und genau das sollten wir heute auch tun. Albert Schweitzer wäre gar nicht möglich ohne den Einfluß Schopenhauers, und dieser nicht ohne den großen Einfluß des indischen Denkens. Natürlich wurde ein Mann wie Albert Schweitzer abgelehnt von den Kirchen, weil das, wofür er stand, sich so in der Bibel nicht erweisen läßt. Die Universalität des Mitleids, die er lehrte, war so in der Bibel nicht fundiert. Für mich aber ist Albert

Schweitzer ein großartiges Beispiel, daß man die Botschaft des Jesus von Nazareth schöpferisch weiter interpretieren muß, um ihr treu zu bleiben, und daß es nicht angeht, im biblizistischen Verstande immer wieder um die Frage herumzukreisen: Was war der historische Jesus? Diese Frage führt religiös und menschlich in die Irre. Sie ist ein theologengemachtes Scheinproblem.

Schorlemmer:

Kommen wir zum Anfang. Die Bibel ist noch nicht erschöpft, aber es gibt noch ganz andere Quellen, aus denen wir noch nicht geschöpft haben.

Drewermann:

So ist es. Und damit die Bibel kein Wein wird, der sich zu Essig verwandelt, müssen wir immer wieder neu in die alten Flaschen neues Material füllen. Das ist die Lehre Jesu: Neuer Wein braucht neue Schläuche!

Albus:

Ich kenne viele Menschen, die wollen an Gott glauben, die suchen nach dem Geheimnis ihres Lebens. Angesichts der Nöte, die sie selber haben, angesichts dessen, was in der Welt passiert, kommen sie aber diesem Geheimnis nicht näher. Sie sind auch verstellt durch die Art und Weise, wie die christlichen Kirchen Gott verkünden. Müßte nicht vielleicht die Kirche Gott neu buchstabieren lernen?

Schorlemmer:

Wir dürfen uns zuallererst um den Befund nicht herumreden. Auch wenn Menschen redlich ihren

Dienst in der Kirche tun, als Pfarrer, Diakone, als Religionslehrer, als Katecheten oder in den Krankenhäusern als Seelsorger, auch wenn ihnen das wehtut: Über den Befund dürfen wir uns nicht hinwegmogeln. Der Befund ist aus meiner Sicht: Wenn wir das Wort ‚Gott' in den Mund nehmen, nimmt uns das kaum jemand richtig ab. Es wirkt abgestanden, formelhaft, vor allen Dingen leblos. Oder wenn man so will: blutleer. Es kommt nicht mehr die Erschütterung durch, die einen Menschen erfüllt, wenn er dieses Wort sagt – auch nicht die Befreiung. Eine bestimmte Begeisterung oder Erschütterung muß damit verbunden sein, wenn man einen Menschen dieses Wort sagen hört. Erschütterung heißt ja auch: Erschütterung über mich, über die Welt, in der ich lebe, die in sich tief erschüttert ist, die ihren tragenden Grund nicht mehr erkennt. Das andere wäre die Begeisterung: Ich bin davon erfüllt, bis in die letzten „nervösen" Verästelungen der Welt hinein spüre ich, daß da etwas am Wirken ist mit mir, mit dieser Welt am Wirken ist, was ich nicht fassen kann, was sich mir aber immer wieder zeigt, sich mir offenbart, sich mir offenlegt. Wenn das nicht durchkommt, auch Gottesgestammel nicht mehr durchkommt, sondern nur die wohlgesetzte Sprache, Formelsprache, dann ist es aus. Die Kirchen sind in ihrem Zentrum sprachlos geworden. Das heißt aber nicht, daß sie nicht reden. Man könnte diese Gotteskrise als den Rückzug Gottes von uns deuten. Und wir entlassen ihn auch. Wo passiert noch so etwas wie der Gotteskampf am Jabbok, so etwas wie Ringen mit Gott, den man nicht losläßt und der einen nicht losläßt. Vielleicht hebt die tiefe Krise des Menschen in dem an, was im vorigen Jahrhundert

Jean Paul in der großen „Rede des toten Christus vom Weltgebäude herab, daß kein Gott sei" uns gesagt hat: „daß kein Gott sei!" Und wir haben mit dieser Erschütterung, wir als Kirche, aber auch wir als „Welt", noch nicht umgehen gelernt. Vielmehr empfinde ich uns als in die Freiheit Entlassene, die jetzt wie Losgelassene leben und mit der abgewandten Seite Gottes zu tun haben. Luther hat das ‚deus absconditus' genannt. Ich glaub dennoch, immer noch, daß Gott von seiner uns zugewandten Seite auch noch da ist, aber wir nicht mehr genügend darum ringen, indes laufend davon so erzählen, als wüßten wir es. Je mehr wir davon erzählen und je weniger wir von diesem Ringen, aus diesem Ringen leben, dieses Ringen deutlich machen, desto weniger passiert, desto hohler wird alles, was da gequasselt wird. Ich kann es manchmal nicht mehr ertragen, weder die Art, wie die Texte der Schrift gelesen werden, in beiden Kirchen, noch die Art, wie wir Pfarrer einen Text zu interpretieren versuchen. Das tut sicher einzelnen ganz unrecht, und wer will ehrliches Mühen absprechen? Doch was wir „rüberbringen", wirkt weitgehend ausgelaugt.

Albus:

Herr Schorlemmer, Sie gebrauchen die Formel vom abwesenden Gott. Kann man nicht auch sagen, daß der Mensch abwesend ist?

Schorlemmer:

Von sich selbst abwesend? Ja. Da treffe ich mich auf jeden Fall mit Herrn Drewermann. Ein Mensch, der von sich selbst abwesend ist, von dem ist auch Gott abwesend. Das ist verdoppelte Abwesenheit. Ich meine auch, daß unsere Abwendung mit Gottes Abwendung „gestraft" wird, also mit dem, was die alttestamentlichen Propheten mit der ‚Verstockung' auszudrücken versucht haben. Nicht-hören-Wollen wird mit Nicht-hören-Können bestraft. In so einer Krise sind wir.

Drewermann:

Mir scheint, daß die Menschen allerorten um Gott ringen, nur – in den seltensten Fällen werden sie es so bezeichnen. Das liegt daran, daß die Sprache von Gott gebunden ist an die kirchliche Monopolstellung. Darin liegt ein schrecklicher Fehler, daß die kirchliche Institution – ich spreche jetzt vor allem von der römisch-katholischen Kirche – ihre Aufgabe durch Jahrhunderte hin exklusiv-doktrinär verstanden hat. Eine „Kirche" könnte im besten Falle so etwas sein wie ein Leuchtturm an der Mündung der Elbe, der den Schiffen den Weg weist hinaus auf die hohe See. Dort aber folgen die Schiffe dem Stand der Sterne und der Magnetnadel des Kompasses – den Visionen in der Nacht und den unsichtbaren Kräften, die aus dem Innern der Erde kommen. Die Kirche hat den Leuchtturm zum Zielpunkt gemacht, und das zwingt die Menschen, entweder in Küstennähe herumzudümpeln oder aber geradewegs an der Küste zu zerschellen. Die verfaßte Kirche hat sich zum Selbstzweck gemacht.

Die Probe darauf ist einfach. Spricht man zum Thema ‚Religion' mit irgend jemandem aus der Öffentlichkeit, mit Journalisten beispielsweise, so wird die erste Frage stets lauten: „Was macht die Kirche? Kann sie sich ändern? Was macht der Papst? Was sagt der Bischof?" Kein Mensch fragt danach: „Was machen die Menschen?" Oder: „Was hat Jesus einmal gewollt?" Das allein schon ist der erste Übelstand! Wenn wir von Gott reden, haben wir einen Kirchengötzen vor uns, an den die Menschen nicht mehr glauben können, weil er sie zwingt, ständig von sich selber abzusehen.

Im Hintergrund steht, kirchlich verordnet, zudem ein bestimmter Strukturtyp von Theologie, den wir immer noch verwalten. Er besteht darin, daß wir die mangelnden Erfahrungsräume des Menschlichen, insbesondere der Psyche des Menschen, ersetzen durch ein theoretisierendes Reden aus der Perspektive Gottes. Immer wieder glauben wir zu wissen, was Gott denkt, was Gott macht, und wir sagen das, ohne auch nur nachzuschauen, was denn die Menschen machen und was das mit uns als Menschen macht, wenn so von Gott gesprochen wird.

Eines ist ganz deutlich in der Geschichte des Juden aus Nazareth selber: Man kann Gott auf die schrecklichste Weise mißbrauchen. Es ist möglich, daß jemand, der im Namen Gottes Menschen heil macht, der sie aufrichtet, der ihnen Augen zu einem eigenen Sehen schenkt und ihnen die eigene Sprache wiedergibt – sehr bald schon auf die Schriftgelehrten stößt, die ihm beweisen, daß er bei all dem im Namen des Satans wirken muß; natürlich – denn ihre Zunft braucht so einen Mann überhaupt nicht! Den Vermittlungsservice ihrer Priester im Tempel hat er überhaupt nicht nötig! Und schon das zeigt ihnen, daß er nicht von Gott ausgeht. Das Markusevangelium zum Beispiel ist nicht drei Kapitel alt, da steht für die Schriftgelehrten und Pharisäer schon fest, Jesus wirke lediglich mit dem Obersten der Teufel seine Wunder. Und das Finale ist entsprechend: Elf Kapitel danach hat man ihn soweit; man wird ihn hinrichten mit Bezug zu dem, was Gott im Gesetz des Moses gesagt hat, sowie im Verein mit dem Staat und seiner Gesetzgebung.

Diese Mühle aus Angst und Gewalt im Raum der Religion dreht sich so weiter und gibt Kurt Tucholsky recht, wenn er verzweifelt fragte: „Wer ist das eigentlich: ‚Gott'?" Es gibt keinen Begriff, der mehr mißbraucht wurde als das Wort ‚Gott'. Der Gott der Theologen hat Kriege gewollt. Der Gott der Theologen hat Hexen gejagt, der Gott der Theologen hat jede Art von Verbrechen in der Geschichte der Religionen legitimiert. Also scheint es in mancherlei Hinsichten besser, von dem Wahn aufzuwachen und die Rede von Gott insgesamt dranzugeben.

Jemand, der als Philosoph in den dreißiger Jahren darüber nachgedacht hat, war Martin Heidegger; er meinte, wir sollten Gott eine Weile lang gänzlich aus dem Spiel lassen und allein schon das Wort ‚Gott' für viele Jahrzehnte unter Verbot stellen; statt dessen sollten wir besser vom ‚Heiligen' sprechen, auf daß Menschen erst einmal wieder bestimmte Räume erleben könnten, die ver- und gebrauchsexemt sind, die sich nicht instrumentalisieren lassen, in denen nicht sofort das Seiende beredet würde, wie „man" es zu tun pflegt, sondern wo Zonen verblieben mit einem eigenen Wert, Taburäume des Zugriffs gewissermaßen für Verstand und Willen. Wenn wir die nicht wiederentdeckten, meinte Heidegger, so nützte uns Gott gar nichts; denn der theologisch definierte Gott sei längst instrumentalisiert worden zu einem Mittel der

Verwaltung des Seienden, ein Objekt unter anderen, ein fetischähnlicher Götze.

Insofern erlebe ich, wie produktiv reinigend die Kraft des Atheismus sein kann, vor allem in der Interpretation des Juden Sigmund Freud, der in der Psychoanalyse gezeigt hat, wie Menschen ringen können – für mich als Theologen – um Gott, in der Sprache der Leute aber wird von „Gott" niemals die Rede sein, eben weil dieser Gott nur die Titel für Außenlenkung und Unterwerfung war. Die Leute setzen sich etwa mit ihrer Mutter, mit dem Pastor am Ort auseinander, mit all den Instanzen, die weit mehr kindlichen Gehorsam gefordert als Freiheit und Selbständigkeit angeregt haben. Auf diesem Freiheitsweg aber wird gerungen, buchstäblich, um den Gott der Bibel, der kein Bild hat und in seiner Ungegenständlichkeit keine vergegenständlichten Menschen, keine Verwaltungsexemplare will.

Ein buddhistisches Sprichwort sagt: „Begegnet dir der Buddha auf dem Wege, töte ihn!" Das heißt: Jeder erklärte, jeder kommentierte Gott, der einem Menschen nicht den Weg frei gibt, damit er bei sich selber ankommt, kann nicht der Gott sein, der am brennenden Dornbusch zu Mose sagte: „Ich habe keinen Namen. Das einzige, was du wissen mußt von mir, ist die Erklärung eines unverbrüchlichen Beistands: Ich werde da sein, als der ich da sein werde; aber das gilt nur für den, der die Zukunft wagt. Ich bin niemals greifbar, nie eine abgeleitete Erfahrung, auf die du dich von vorgestern her berufen kannst; ich bin der Gott, der dir den Weg öffnet auf das Ziel deiner Bestimmung hin."

Schorlemmer:

Und das mit einer Erschütterung, die Moses seine Schuhe ausziehen läßt. Er merkt: Hier ist eigentlich unbetretbarer, heiliger Boden. Ja, daß da etwas brennt, was nicht verbrennt! Das Reden ist nicht ohne solche Natursymbole denkbar. Die Natursymbole und die Gestik des Betroffenen entsprechen dem Vorgang.

Drewermann:

Ich habe das immer so verstanden, daß der brennende Dornbusch eigentlich Moses selber ist. Da ist jemand, der trägt eine gewaltige, lodernde Aufgabe in sich und muß sich fragen, ob er der standhält. Wahrscheinlich nicht! Wenn er auf sich selber sieht, erscheint er sich als völlig unwert. Das Bild vom brennenden Dornstrauch wird ja im Buch der Richter in der Jothamfabel noch einmal anders, warnend, gebraucht: Da suchen die Bäume jemanden als ihren König, doch nur der Dornstrauch gibt sich dazu her; der spielt sich auf, der Führer aller zu sein. Mit anderen Worten: Wer das Zeug hat, Macht über Menschen zu wollen, der gehört von vornherein nicht zu den Besten, sondern den Schlechtesten. Und so ist die Katastrophe unabwendbar: Feuer geht vom Dornstrauch aus und zerstört alles. Droht nicht so etwas Moses selber, wenn er sich einbildet, ein ganzes Volk zu führen? Was ist sein Motiv, wenn nicht Herrschsucht? Und in diese Selbstzweifel hinein sagt ihm Gott: „Ich bin für dich wie ein Feuer, das nicht verzehrt, wohl aber in dir zur Erscheinung kommt." Das ist für mich ein unglaublich schönes und tröstendes Bild.

Ich füge diese Szene hier ein, weil mir scheint, daß die Menschen, die ich tagaus, tagein erlebe, genau danach auf der Suche sind: Sie möchten wissen, was mit ihrem Leben gemeint ist, welches Ziel darin angelegt ist und wie sie dazu hinfinden. Sie suchen eine Berufung, die in ihnen nur darauf wartet, wahrgenommen zu werden. Das alles erleben sie, aber wohlgemerkt, sie wagen in aller Regel nicht, das ‚Gott' zu nennen. Würden sie es ‚Gott' nennen, so wäre die Gefahr ganz groß, daß sie es falsch bezeichneten. Ich erlebe in der Analyse recht oft, wie wahr es immer noch ist, wenn Freud meinte: Wer von Gott redet, bezeichnet im Grunde damit nur gewisse frühkindliche Ängste, die im Schatten der eigenen Eltern gebildet wurden. Fast könnte man eine Wette auch heute noch darauf eingehen: Wenn Leute in ein psychotherapeutisches Gespräch kommen und beginnen, von Gott zu reden, und man hat Zeit genug und die Arbeit geht intensiv genug voran, so werden sie in zwei, drei Jahren darüber sich selber geständig sein, daß sie mit „Gott" nichts weiter bezeichnet haben als ihre Mutter und ihren Vater.

Mir scheint deswegen, daß die meisten Menschen heute zu Gott, wie es im Grunde der biblischen Botschaft entspricht, nur durch eine Krise kommen können, die mit dem Zerbruch des Kirchenglaubens identisch ist und die von ihnen fast empfunden wird wie ein Schritt in den Atheismus.

Ein kleines Beispiel dafür: Eine Frau erzählte mir vor einer Weile, ihr Sohn, der bis zum 17. Jahr Meßdiener war und mitunter zwei, drei Sonntagsmessen am Altar abgestanden hat, sei jetzt, vier Jahre später, aus der Kirche ausgetreten. Er hat ein Medizinstudium begonnen und zu ihr gesagt: „Ich kann nicht glauben, was man mir beigebracht hat: Da wäre ein

Gott, der am Krankenbett hilft. Ich möchte Menschen helfen; aber ich kann nicht glauben, daß wenn ich von Gott rede, irgendwas Nützliches dabei herauskommt, ich vertue die Zeit damit." Die Frau sagte: „Er ist doch kein schlechter Mensch. Er möchte in der Aidsforschung irgendwas tun. Er ist intelligent, und ich bin doch nicht daran schuld, daß ihm die Pastöre auf seine Fragen keine Antwort geben können." Ich habe mir erlaubt, der Frau zu sagen: „Ihr Sohn ist auf der Suche nach einem Gott, für den es noch keinen Namen gibt."

Im Grunde geht es hier wieder um das Problem, ob wir die Bibel äußerlich nachbeten oder ob wir tun, was von ihr wirklich gemeint ist. Die biblische Gottesidee ist großartig: Man darf den Namen Gottes gar nicht aussprechen! Man sollte statt dessen Erfahrungen vermitteln, in denen Gott vorkommt. Täten wir das, könnten wir freilich den ganzen Theologenstand begraben. Dafür aber hätten wir endlich Menschen, die überhaupt wieder über die Erlaubnis verfügten, nach Gott auf die Suche zu gehen.

Albus:

Sie merken, Herr Schorlemmer, daß Herr Drewermann anzielt, daß Sie, als Pfarrer, als Theologe, sich selbst überflüssig machen.

Schorlemmer:

Nichts wäre schöner, als wenn die Kirche sich auflösen dürfte und daß das, was sie transportieren wollte, sich von allein mitten im Leben vollzieht. Also: Wenn wir keine Priester mehr brauchten, sondern alle einander das gewähren könnten, was Priester tun!

Mein protestantisches Kirchenverständnis würde sich darin völlig erfüllen. Ich fürchte nur, die Institution wird noch leben, wenn sie gar keiner mehr braucht; das haben Institutionen so an sich. Aber ich glaube auch, daß Institutionen sich immer wieder erneuern können, daß sie heilsame Vehikel sind, und daß sich selbst in einer verkommenen Kirche oder in einer sprachlosen Kirche immer wieder so etwas vollzieht wie ein Pfingsterlebnis. Wenn ich das nicht glauben würde, dann müßte und würde ich gleich meinen Beruf aufgeben.

Aber zum Grund will ich noch etwas sagen: In dem schönen Bild von dem brennenden Dornenbusch als einer Offenbarung Gottes, der sich den Menschen zuwendet, indem er sich ihm verweigert, wird ja deutlich, was ein Mensch entdecken will, entdecken muß, wenn er Gott erkennen will, nämlich, daß etwas anfängt, in ihm zu lodern, was für ihn gefährlich ist, auch für andere gefährlich ist, daß er dabei nicht nur brennen kann und leuchtet, sondern auch verbrennen kann; man kann sich an Gott verbrennen. Gleichzeitig kann das wärmen und leuchten, was da passiert. Man kann ein Leuchtsignal werden, auch für andere, und verzehrt sich selbst dabei. Ich finde, daß diese Bilder unglaublich schön sind. Sowas kann man vielleicht mit eigenen Worten anreichern, aber der Reichtum steckt in dem überlieferten Wort.

Was Sie von dem jungen Mann erzählen, das legt unsere Denkfiguren offen, entlarvt sie. Wenn dieser junge Mann das Gefühl hat, daß er ausgetreten ist, dann ist die Denkfigur falsch. Das ist gewissermaßen ein Austrittssyndrom. Ihm müßte klar werden, er tritt ein, in eine neue Erkenntnis und nicht aus. Er tritt aus etwas aus, was er nicht als tragfähig befunden hat und findet jetzt etwas Tragfähiges und tritt in etwas ein, was mit dem, woraus er ausgetreten ist, im tiefsten Sinne etwas zu tun hat. Ich will deswegen sagen, daß er mit dem Kirchenaustritt hinterher etwas besonders Schönes vollzieht. Es ist schade, daß er das tut, aber ich möchte auf der Inhaltsebene sagen: Er tritt in etwas Wichtiges ein, in eine wichtige Erkenntnis, die nach wie vor etwas mit Gott zu tun hat, und nach wie vor hoffe ich, daß das noch etwas zu tun hat mit seiner „Ministrantenexistenz". Er ist in einer nicht-religiösen Sprache dem bedürftigen Menschen ganz nahe und möchte alles, was ihn dabei stört, wegtun. Das ist etwas Großartiges.

Drewermann:

Ich gehe nochmal zurück auf das Bild, das Sie eben gebrauchten, das Bild vom Kampf des Jakob am Jabbok in Genesis 32. Es steht ja in der Bibel im Grunde nicht, daß Jakob mit „Gott" gerungen hatte, sondern es heißt, ein Jemand, ein unbekannter Fremder, sei Jakob entgegengetreten. Ich möchte die Geschichte nur einmal so erzählen, wie sie in der Psychotherapie immer wieder wirklich auftaucht: Jakob hat bislang sein Leben damit zugebracht, sich selber zu überlisten. Schon sein Name (der „Fersenschnapper") zeigt, daß er immer wieder dabei ist, sich Erfolge zuzuschanzen mit üblen Tricks, und die Folge: sein eigener Schatten, sein eigener Bruder Esau, jagt und verfolgt ihn bis weit in die Fremde. Dort wirbt Jakob zweimal sieben Jahre lang um eine Frau, um Rachel, die Schöne, doch als er sie heiratet, wird mit ihr auch deren Schatten ihm in die Ehe gegeben: Im Brautbett noch wird ihm –

durch die List seines Oheims Laban – die triefäugige Lea untergeschoben. Wenn Männer, die so zwiespältig sind wie Jakob – soll das wohl heißen –, eine Frau lieben, wird sie ihnen gewiß ebenso widersprüchlich erscheinen, wie sie sich selbst fühlen. Irgendwann aber beginnt die Sehnsucht, nach Hause zurückzukehren: Irgendwann möchte Jakob bei sich selber ankommen. Und da nun beginnt diese Geschichte vom Kampf am Jabbok: Jemand tritt ihm da entgegen; bevor die Auseinandersetzung beginnt, setzt er noch zur Rettung vor dem Unheimlichen, das jetzt in ihm aufsteht, die Frauen und die Kinder über den Fluß, doch dann ist er mit sich allein. – Ich höre diese Geschichte inhaltlich oft von Eheleuten, die nicht mehr ein noch aus wissen, die alles getan haben, was sie sollten, die beruflich ihre Karriere gemacht haben, aber durchaus nicht mehr wissen, wo sie selber stehen. Ihre Familie beantwortet ihnen die Frage nicht mehr, ihr Beruf auch nicht, ihre Vergangenheit auch nicht. Sie spüren ganz deutlich: Sie müssen sich jetzt mit sich selbst auseinandersetzen in einer Tiefe, die es nie zuvor gab. Es ist buchstäblich für sie wie der Kampf mit einem Gespenst. Irgendwann nach vielen Stunden der Nacht wird bei einem Sonnenaufgang so etwas wach werden wie Einsicht und Erkenntnis; aber im folgenden wird Jakob an der Hüfte lahm sein. Alles wird schwer für ihn werden, mühsamer, irdisch gebunden; aber nur so wird er fähig werden, sich mit seinem dunkelhaarigen Bruder, mit seinem Schatten, zu versöhnen. An dieser Stelle sagt die Bibel: „Du hast gekämpft mit Gottheit und Menschheit"; sie sagt nicht ‚mit Gott und Mensch', sondern die Pluralform steht da: ‚Gottheit und Menschheit'.

Wie wäre es, wir würden Religion im Sinne dieses Bildes einmal so verstehen: als einen Prozeß, in dem die Menschen sich selber begegnen; und alles, was zu ihrer Vermenschlichung beiträgt, wäre ein Ort der Erfahrung des Göttlichen. Religion insgesamt wäre der Ort, wo Menschen sich selber finden können und nach Hause kommen!

Die biblische Erzählung ist in diesem Punkte ganz konkret. Sie erzählt, daß Jakob Abschied nehmen muß von dem Gott, den er immer schon gewußt hat, von dem Gott, der schon in Bethel im Traum ihm gesagt hat, was aus ihm, dem großen Jakob alles werden wird, indem er aus jeder Betrugsgeschichte und Gaunerei stets noch einen geheimen Führungsanspruch zu destillieren wußte. Auf diesen Gott muß er verzichten beim Kampf am Jabbok. Da weiß er einfach nicht mehr, wie es weitergehen wird. – Ich liebe mit Ihnen, Herr Schorlemmer, diese biblischen Geschichten, weil sie so erzählen. Aber was sie wirklich bedeuten, erzählen mir die Menschen, die sie gar nicht kennen. Und denen erzähle ich dann die Bibel wieder. Oder auch nicht; wie es sich fügt.

Schorlemmer:

Aber diese Bibelgeschichte hilft Ihnen doch auch wiederum zu verstehen, was die Menschen erleben.

Drewermann:

Trotzdem sehe ich immer noch meinen Vater vor mir: Dessen Konfirmandenbibel habe ich aufgeblättert, da war er 74 Jahre alt; die Goldschnittblätter seiner Bibel klebten alle noch ungeöffnet aneinander. Er lachte, als er sah, wie ich da seine Bibel 60 Jahre später öffnen wollte, und meinte: „Junge, was soll ich denn das lesen? Ich verstehe es ja doch nicht!“ Da hat er wohl recht gehabt.

Schorlemmer:

Worauf ich nicht verzichten möchte ist – das ist etwas Verengendes – die personale Sprache, die Du-Sprache. Ohne so etwas wie Zwiegespräch, das aus dem Selbstgespräch herauswächst, wo ich mit mir rede, indem ich mit einem Du rede, oder ein Du redet, und ich merke, daß das andere Ich, das alter ego, redet. Ein anderer Mensch ist mir schlicht dadurch wichtig, daß er ein anderer ist, bis ich entdecke, er ist auch ich. Ich werde aus meiner Ichbezogenheit gerade dadurch frei, daß ich in dem allem mein Ich entdecke, bis ich keine Angst mehr davor habe, daß ich an mich denke, weil mein Gegenüber etwas Ähnliches erfährt. So denke ich ist auch das Gespräch, das Gebet des einzelnen, der sich ausspricht und dafür die Du-Sprache nutzt, etwas Unverzichtbares, weil die Du-Sprache genau die Brücke ist zwischen der Begegnung von mir zu mir, von mir zur Außenwelt, also von mir zum Menschenbruder oder zur Menschenschwester und zum ungreifbaren Du, das mich anspricht. Ich könnte sogar sagen: Mich spricht durchaus auch in der Du-Sprache das an, was nicht sprechen kann. Also wenn ich die Du-Sprache habe, dann kann ich zu einem Baum Du sagen, und der Baum, der mir begegnet, spricht auch zu mir, ohne daß er Sprache braucht, meine Sprache, die ich als Mensch benutze. Insofern ist mir das anthropologische Koordinatensystem der Bibel wichtig, weil alles, fast alles darin, sich im Medium der Du-Sprache ausdrückt. Wenn man die Du-

Sprache so versteht, wie ich's versucht habe, führt sie über das Anthropozentrische hinaus.

Drewermann:

Ich stimme Ihnen sehr zu, Herr Schorlemmer, daß Sie sagen: Um zu sich selber zu finden, brauche ich doch einen anderen, der mich meint und will. Mir scheint kein Vorwurf gegenüber der Psychotherapie absurder als derjenige, der von Theologen oft erhoben wird: es gehe bei „Selbstfindung" im Grunde doch um nichts anderes als um Ellbogenegoismus und monotone Monologie. Die Wahrheit ist ja, daß ein Mensch lernen muß, sich selber zu sehen, indem er in die Augen eines anderen schaut, der ihn bejaht und liebt, der ihm nicht einen Zerrspiegel zumutet, sondern ihm erlaubt, die Wahrheit über sich herauszufinden. Insofern ist alle Personwerdung gebunden an eine dialogische Begegnung. Da stimme ich Martin Bubers „Ich und Du", gestützt auf die ganze Denkweise der Bibel, zutiefst zu. Eben deshalb aber ist es mir so wichtig zu betonen, daß diese Räume, an denen wahre Begegnungen möglich werden, die Schutzzonen sind, die als religiös besetzte Freiräume in unserer Gesellschaft zu retten wären, und ich füge hinzu: Diese Räume müßten wir auch in der Natur retten!

Wir werden in der Ökologie nur weiterkommen, wenn wir bestimmte Areale der Welt dem Zugriff des Menschen entziehen – ob das die Polargebiete sind, die Regenwälder sind, die Weite der Meere sind, die Schelfgebiete der Ozeane oder die Korallenbänke sind.

Dasselbe gilt uneingeschränkt auch im Umgang

mit Menschen. Religion ist für mich eine der Formen, erfahrbar zu machen, daß ein Mensch nicht verstanden werden kann, wenn er zum Zwecke einer Institution, einer gesellschaftlichen Gruppe funktionalisiert und instrumentalisiert wird.

Um es einmal so zu sagen: Der Differenzpunkt zwischen Religion und Politik gründet für mich an genau dieser Stelle. Jede Partei wird auf dem Wege zum Machterwerb oder zur Machterhaltung auf die Suche gehen nach Menschen, die ihr dabei behilflich sind. Sie wird fragen: „Wozu bist du brauchbar, was können wir mit dir machen?“ Um so notwendiger ist für mich die Religion, weil sie sich diese Frage geradewegs verbietet. Sie wird sich, hoffentlich, konzentrieren auf die Frage: „Wer bist du als Person?“ Und die Antwort darauf kann nur der andere geben. Und damit er die Möglichkeit dazu gewinnt, ist es notwendig, ihm ganz einfach zuzuhören, ihn zu begleiten, ihn nicht zu bewerten, die eigenen Vorurteile über das Leben, auch über die Religion, ihm gegenüber zurückzustellen und ihm somit eine Chance zu geben, authentisch von sich selber zu sprechen. Nur auf diesem Weg wird ein Mensch das finden können, was mit im Grunde biblischem Anspruch Glauben heißen könnte – ein tragendes Vertrauen in ein Gegenüber, von dem es kein Bild, keinen Begriff gibt, weil es nichts weiter ist als Person und nichts weiter will als Person.

Der Protestantismus hat auch darin seine Größe, daß er zum erstenmal artikuliert hat, wie abergläubisch es enden muß, eine priesterherrschaftliche Hochmasse aus der Botschaft Jesu abzuleiten, ein kirchlich hierarisches System, das im Grunde Gott verwaltet in Stellvertreterschaft über den Menschen und gleichzeitig ganze Teile vom Leben abspaltet, indem es sie auf schlechte Weise für heilig erklärt und dadurch das Profane und das Sakrale voneinander trennt, genauso wie das Klerikale und das Laikale. Luthers Anliegen war in diesem Punkte absolut richtig: Die Gnade Gottes ist nicht ein Sondermoment im Leben, meinte er, sondern der ermöglichende Grund von allem. Die Frau, die die Wäsche ihres Kindes wäscht, betet vielleicht besser als die Nonne im Kloster, das war seine Meinung.

Wenn das gilt, kommen wir zu einer paradoxen Situation. Das ganze Leben in all seinen Teilbereichen ist etwas, das einer religiösen Interpretation würdig ist. Aber der Ort, an dem das erlebt wird, liegt mitten im Profanen, liegt gerade an der Stelle, wo ein Mensch entdecken kann, daß er mit seiner eigenen Person unableitbar gemeint ist, daß es wesentlich um ihn selber geht.

Deshalb verdanke ich dem Atheisten Sigmund Freud eine zutiefst religiöse Entdeckung, nämlich daß man an einen anderen Menschen oft viel mehr glauben muß, als er selber im Moment an sich zu glauben vermag. Auch da hat die Psychotherapie für mich eine religiöse Option im Hintergrund. Man strengt sich an, viele Jahre oft, für einen einzelnen Menschen, und weiß überhaupt nicht, wohin das führen soll; man verfügt über keine Ratschläge, wie es in seinem Leben weitergehen soll; trotzdem wendet man enorme Zeit und Energie für einen einzelnen Menschen auf, während es scheinbar doch viel wichtigere Dinge gäbe! Aber in genau dieser Ernstnahme eines einzelnen Menschen, der nichts weiter braucht, als unzensiert und unmanipuliert einen Schutzraum zu bekommen, in dem er selbst aufblühen kann, atmet etwas für mich vom Atem Gottes.

Im Bilde gesprochen: Da ist ein Vertrauen, daß in den Menschen selber alles Wesentliche bereit liegt. Was sie nötig haben, ist lediglich die Wärme der Sonne und die Milde des Regens, oder, anders gesagt, die Intensität der Zuwendung und manchmal die Gemeinsamkeit der Tränen. Diese zutiefst humane Option ist die Basis, auf der Religion wieder wachsen kann. Die Theologensprache dafür lautet, daß wir auf die Suche gehen sollten nach der unsichtbaren Kirche. Die sichtbare Kirche aber ist wie eine Schattenwand zwischen Himmel und Erde geworden. Vielleicht hatte Erich Kästner gar nicht so unrecht, als er in den fünfziger Jahren, bei der Atomaufrüstung mit kirchlicher Unterstützung, voller Zorn meinte: „Da hilft kein Fluchen und kein Beten, die Sache stimmt: Der liebe Gott ist aus der Kirche ausgetreten."

Schorlemmer:

Es gibt eine Redewendung: ‚Dem oder denen ist nichts mehr heilig'. Was heißt das? Das heißt doch: Für denjenigen gibt es nichts, was unantastbar ist, für den ist alles betretbar, für den ist alles machbar. Also wenn wir in eine Zeit kämen, in der uns nichts mehr heilig ist, dann ist uns eigentlich alles gleich-gültig. Da gibt es auch keine Hierarchie mehr, Hierarchie im Sinne von Wertabstufung, von Höhepunkten, von Rhythmus von Feiertag und Alltag, von langer Mühe und großartigem Zielerlebnis. Wo nichts mehr heilig ist, gibt es keine Strukturierung mehr. Das Heilige ist Teil der Strukturierung unseres Lebens, der letzte Bereich, den wir dann nicht betreten, nicht um des Heiligen willen, sondern um unser selbst willen. Ich glaube, daß so etwas für uns Menschen wichtig ist. Ein Beispiel: Ich finde es ganz gut, daß in katholischen Kirchen nicht jeder überall hinlatschen kann. Es ist schlimm genug zu sehen, wie unsere Kirchen durch hunderttausende Latscher entwürdigt werden. Ich fand das furchtbar in Notre Dame, in Paris. Ich war enttäuscht. Ich war in Siena und war enttäuscht, nicht, weil da viele Menschen sind, sondern weil ich den Eindruck hatte: Kaum einer bleibt hier endlich mal stehen und staunt einfach angesichts dieses Raumes! Nichts, Menschenmassen latschen durch, als wenn sie eine Eiswaffel in der Hand hätten. Sie haben sie zwar nicht in der Hand, das wird ihnen an der Tür verwehrt, aber sie fänden nichts dabei. Verlust des Heiligen heißt für mich Verlust jedes Gefühls des Erhabenen, des Staunens: Hier kannst du etwas nicht fassen, und es ist wunderbar, daß du es nicht fassen kannst. Ich finde es deswegen in katholischen Kirchenräumen ganz schön, daß nicht jeder an jeden Platz latschen kann, daß man da eben nicht unter dem (Altar-)Tisch Versteck spielen kann. Das ist auch eine Form von Profanisierung, die nichts mit protestantischer Freiheit zu tun hat. Ich habe oft erlebt, wie Vikare ihre Kinder unterm Altar sich verstecken lassen und meinten, die Kinder müßten doch den Gottesdienst als „Freiheit" erleben. Die sollen die Sandkiste als Freiheit erleben; der Altar ist keine Sandkiste. Deswegen sollen sie vor dem Altar keine Angst haben müssen! – Wir brauchen etwas, dem wir uns nähern, das wir aber nie wirklich „haben" können.

Albus:

Ich befürchte, daß so, wie Sie vom Heiligen reden, es viele Menschen schon gar nicht mehr verstehen können.

Auf dem Katholikentag in Aachen 1986 wurde von Jugendlichen eine Ausstellung gemacht zum Thema: „Was mir heilig ist". Die Jugendlichen durften all das bringen, was ihnen heilig ist. Sie haben den Teddybär gebracht, sie haben die Sandalen gebracht. Sie kamen dann in Glasschreine hinein und haben eine ganz eigenartige Ausstrahlung gehabt. Oder Gerhard Schmidtchen macht eine Umfrage mit dem Titel „Was den Deutschen heilig ist": Urlaub, Altersversicherung, Auto, Familie und vieles andere mehr …

Schorlemmer:

Das ist richtig: Unsere Kirchensprache trifft das nicht mehr, sie trifft nicht mehr zusammen mit der Sprache der anderen, Sie haben völlig recht. Ich weiß, daß ich ein „sprachliches Fossil" bin! Aber ich wende mich gegen eine Manie oder eine Neugier, in der man alles sichtbar machen will. Zum Beispiel ist der Wachstumsprozeß etwas Heiliges. Ich möchte nicht, daß wir mit technischen Möglichkeiten zeigen, wie eine Blume wächst, sondern ich möchte mich darüber stets wundern können, wie aus einem kleinen, einem ganz kleinen Korn, das ich in die Erde lege, eine Blume wird. Ich wundere mich, wie dieses ganz kleine Korn plötzlich so groß wird! Dieses Wunder möchte ich nicht nochmal gesteigert haben in Buntaufnahmen vom Wachsen im Zeitraffer! Auch der Tod ist etwas Heiliges. Auch da möchte ich nicht, daß jede Station gefilmt wird, daß es dafür endlose Bücher gibt, wo man die Sterbe-Stationen geradezu schamlos zeigt. Es ist doch hochinteressant, daß sich das Tier, das stirbt, zurückzieht, sich versteckt. Das Tier „weiß" etwas von der Heiligkeit des Todes, auch von der Einsamkeit, in der etwas Unberührbares passiert. Oder der Respekt vor der Liebe, in der Liebe. Daß der Liebesprozeß total veröffentlicht wird – dadurch wird alles zerstört. Es braucht Räume, denen ich mich nur nähern kann, damit sie bleiben. Das finde ich heilig. Auch das Brot ist für mich heilig. Wenn ein Brot auf einem Altar liegt und es werden Worte über das Brot gesprochen, dann ist das zwar dasselbe Brot, das ich beim Bäcker gekauft habe, aber es wird mir etwas Heiliges, was dort gebrochen und mit anderen gegessen wird. Es schmeckt auch anders, aus einem ganz einfachen Grund: Ich lasse mir Zeit für einen einzigen Bissen Brot. Ich finde es schade, daß wir lange Zeit gedacht haben, heilig würde es erst, wenn wir etwas Geschmackloses produzieren und darauf einen Gekreuzigten drukken.

Drewermann:

Ich muß zumindest Ihre ästhetische Bewunderung für die katholische Kirche aus eigener Erfahrung ein Stückchen wohl mildern. Denn wie es wirklich aussehen kann, erleben Sie beispielsweise im Dom zu Bamberg. Gleich nach dem berühmten gotischen Reiter am Eingang finden Sie dort eine Reihe von Altären. Vor jedem dieser Altäre steht ein Schild mit der Aufschrift: „Vorsicht, hochempfindliche Sicherheitsanlage". Da ist die Heiligkeit der katholischen Kirche gebunden an die Schutzwürdigkeit ihrer eigenen musealen Denkmäler, die sie aus der Vergangenheit hinübergerettet hat.

Und so in allem!

Ich habe die Kathedrale Notre Dame in Paris vor über 30 Jahren zum erstenmal gesehen und war ganz erstaunt, festzustellen, daß die Menschen nicht vor den großen Heiligenstatuen an den Säulen oder an den Hochaltären knien, sondern daß die Muttergottes von Lourdes, eine kitschige Gipsmadonna, mit einer Fülle von Kerzen umgeben, der wirkliche Ort ist, wo Menschen ihre Nöte, ihre Fragen äußern zu können meinen. Die Kirche insgesamt steht vor der Frage heute, ob sie wirklich den Weg ins ehrwürdige Museum mit Konsequenz weiter beschreiten will beziehungsweise ob sie wirklich in den Resten der Gesellschaft sich sogar noch als eine Art geistiger Diktatur mit Herrschaftszentralismus verteidigen möchte, stets mit dem Anspruch bewehrt, etwas Heiliges zu verkünden, und dabei doch stets im Verdacht, nur sich selbst wichtigzumachen.

Insofern glaube ich auch nicht, daß sich die Lösung der Einzelfragen, deren Dringlichkeit Sie ganz recht beschreiben, noch in Kontinuität zur Vergangenheit setzen läßt. Es ist ja von der katholischen Kirche aus gesehen so, daß Sie selber in Wittenberg am Sonntagvormittag als protestantischer Pastor tun können, was Sie wollen beim Segen über Brot und Wein; das alles ist in römischer Sicht vollkommen ungültig, weil Sie nicht ordiniert worden sind von einem katholischen Bischof, der allein in der Nachfolge der Apostel steht und mithin die Weihegewalt inne hat.

Mir geht daraus hervor, daß wir katholischerseits einen bestimmten Begriff des Heiligen endlich abschaffen sollten, der identisch ist mit Ritualismus und Magie. Dann aber finden wir uns in einem Raum wieder, in dem profane Bezüge sich als „heilig" erweisen einzig durch den menschlichen Bezug. Da kann für jemanden das Foto einer Freundin etwas absolut Heiliges sein, – ein Soldat wird es mitnehmen noch in die Schlacht hinein, denn es ist das einzige, was ihm mitten im Inferno ein Stückchen Glauben schenkt. Da ist es möglich, daß ein Stück Brot, das von andern hergegeben wird, zu einem Zeichen der Verbundenheit wird. Aber es sind die menschlichen Verweisungszusammenhänge, die darüber befinden, was als heilig erfahrbar wird.

Und nun genauer noch: Es liegt ja nicht einfach in unserer Hand, diese Orte des Heiligen zu markieren. Sie nennen zu Recht bestimmte Felder, – Tod oder Geburt zum Beispiel wären solche Räume, ein gemeinsames Mahl möglicherweise auch, Gespräch und Dialog unbedingt. Ich stimme Ihnen auch darin sehr zu, daß Sie die Entdeckung der „Leibhaftigkeit" von Liebe so betonen. Denn gewiß: Wer nicht imstande ist, den Körper einer Frau, eines Mannes als etwas Heiliges zu betrachten, liefert sich selber aus an die Gewalttätigkeit und Zudringlichkeit. Was wir gemeinsam lernen müssen, ist die Möglichkeit, Heiliges zu berühren in der Gebärde der Zärtlichkeit statt des Herrschaftswissens, der Vergegenständlichung, der Summation eines menschlich begrenzten oder gar falschen Wissens. Dann werden wir entdecken, daß „heilig" all die Orte sind, die, mit Arnold Gehlen gesprochen, eine Selbsttranszendenz ins Diesseits aufweisen. Damit gemeint sind die Punkte, von denen wir in einer solchen Intensität leben, daß wir uns selber ruinieren würden, wenn wir auch sie noch zerstören wollten. Für den eiszeitlichen Jäger etwa konnten die Tiere, die er jagte, heilige Wesen sein, weil er ohne sie nicht leben konnte. Für die Eskimos, heute noch, ist der Wal etwas Heiliges. In dieser Weise konnten in den agrarischen Kulturen vor 6000 Jahren auch Brot und Wein den Gott selber repräsentieren. Ich vermute, daß wesentlich von daher in der christlichen Tradition die Räume der Erfahrung vorgeprägt wurden. Konsequenterweise müßte man dann sagen, daß diese Orte, wo Heiliges erfahren wird, ersetzbar sein müssen durch andere Größen, die uns heute wesentlich werden; wesentlicher als Wein und Brot sind uns heute ein zärtliches Wort und eine zärtliche Berührung.

Ich sehe mit Ihnen die Gefahr auch, daß wir *zuviel* wissen wollen, aber ich hätte eine große Scheu, das Heilige nur in dem festzumachen, was wir noch nicht wissen. Mir ist die fraktale Geometrie von Benoit Mandelbrot sehr, sehr wichtig, weil sie zum erstenmal mit mathematischen Strukturen beschreibt, wie sich Formen organisieren, die dem Lebendigen ähnlich sehen. Wir können tatsächlich jetzt im Computer abbilden, wie eine Tanne wächst oder wie eine Lindenblüte sich aufbaut. Wir sind zum erstenmal dabei, etwas nicht nur zu bewundern, sondern für um so wertvoller zu erachten, als wir es tatsächlich verstehen können. Dieser Prozeß des tieferen Begreifens wird immer weitergehen. Daß wir aus unserem Wissen immer wieder Herrschaftswissen machen, ist das tatsächlich Verwerfliche. Aber dahinter steht natürlich eine ganze Industrie, die alles kommerzialisiert, was wir erkennen, und die festlegt, daß wir nur noch das erkennen dürfen, was dem Wirtschaftswachstum einer bestimmten Unternehmerschaft nutzt.

Schorlemmer:
Ich sehe es als eine Beschädigung und Verarmung an, die im Kleid der Bereicherung kommt, daß uns alles zugänglich wird, daß wir uns alles zugänglich machen und alles reproduzieren, und alles sichtbar machen und denken, dann hätten wir es gesehen. Wenn ich dabei gewesen bin, wie eine Blüte sich öffnet, dann habe ich gerade nicht verstanden, was für ein Wunder das ist. Ich halte etwas von der Erhabenheit, von den Geheimnissen der Schöpfung, von der unerreichbaren Erhabenheit und Schönheit, die in einen Widerspruch treten kann zum Kult der Wißbarkeit, der Beherrschbarkeit, der Entzauberung.

Drewermann:
Das Heilige muß erlebbar sein.

Schorlemmer:
Als unsere Tochter geboren wurde, war ich erschüttert. Es war für mich fast nicht zu fassen, mit diesem neugeborenen Kind umzugehen. Ich bin des Nachts mehrfach aufgewacht, weil ich nicht glauben konnte, daß da noch etwas lebt, weil es ganz still war. Das möchte ich mir nie nehmen lassen. Ich sehe, wie das alles irgendwie so vorüber geht und wir in eine Zeit kommen könnten, in der es üblich wird, daß die Dinge einfach so vorübergehen. Wir entfremden uns immer mehr von Lebensvorgängen. Dieser Entfremdungsprozeß von den natürlichen Vorgängen ist für mich gleichzeitig ein Entfremdungsprozeß vom Leben und damit

auch von religiösen Vorgängen – im Sinne eines staunenden Wahrnehmens von Leben. Das ist für mich wesentlicher Teil meines Glaubens oder meiner Religiosität. Wer das Tier nur noch als Wurst wahrnimmt oder als Steak, hat der noch im Blick, was denn eigentlich mit den Geschöpfen in der Großviehhaltung geschieht – was passiert, wenn wir eingepferchte Tiere von Portugal bis nach Polen transportieren über Nacht?

Der Verlust an Unmittelbarkeit zu Lebensvollzügen, gleichzeitig die endlose Reproduzierbarkeit von allem, führt uns von uns selbst weg. Ich wünschte uns allen wieder mehr Unmittelbarkeit, weil mehr Unmittelbarkeit auch die religiöse Dimension des Lebens erschließen kann, weg von Verflachung und Entfremdung. Da habe ich große Sorge, daß sich gelangweilte Völker wieder außerordentliche Ereignisse und Erlebnisse herstellen könnten – und sei es durch Krieg. Der psychische Haushalt eines Volkes scheint von Zeit zu Zeit, zumal dann, wenn alles saturiert und alles „fertig", alles normal erscheint, alles läuft, immer wieder dahin zu führen, daß man den Ausweg in etwas „Dramatischem" sucht, im Taumel des Tragischen.

Drewermann:

Das war Schopenhauers These, daß man zwischen Langeweile und Krieg stets hin und her pendele. Ich glaube auch, daß unsere Gesellschaft dazu verleitet, das Abenteuer des Lebens zu verbieten, weil es zu gefährlich ist ...

Schorlemmer:

Ja.

Drewermann:

... und die Freiheit zu verbieten, weil sie unkontrollierbar ist; und die Person abzuschaffen, weil sie anarchisch ist; und das Erlebnis zu ersetzen durch das Studium fremder Erlebnisse. Das ist ungefähr die Situation, die eintritt, wenn man sich einen Film über eine Sahara-Expedition im Fernsehen anschaut und dabei ein kühles Bier trinkt; – es hat nichts zu tun mit dem Erleben eines Mannes, der sich an der Expedition selber beteiligt. Das eine ist die Berichterstattung fremder Erfahrungen, das andere die wirkliche Erfahrung. Mir scheint, die Krise der Frömmigkeit, zumindest im Raum der überlieferten Kirchen, hat damit zu tun, daß wir alles mögliche besprechen, ohne es selber zu erleben und anderen zum Erlebnis zu machen. Und daß wir viele Worte gebrauchen, die gelehrt klingen, aber nicht weise machen; und daß wir vielerlei Kunde vom Leben ausgeben, ohne selber kundig leben zu dürfen. Das alles geschieht, damit die Formeln ihre Richtigkeit gegenüber dem Leben behalten.

Insofern ist es auch für mich die entscheidende Sorge, wie man sich wieder Zugang zur Ursprünglichkeit des religiösen Lebens verschaffen und anderen Menschen eröffnen kann. Konkret gesagt: Wie ist es in den Schulen möglich, in Biologie, in Religion, in Geographie, in allen möglichen Fächern, die Wirklichkeit zu zeigen, von der die Rede geht? Mit dem Wort Staunen verbinde ich die Bewunderung eines Kindes, dem man zum erstenmal die Sterne zeigt und sagt, daß das Licht dieser Sterne vor vielen Millionen Jahren ausgesandt wurde, – es gibt nichts, das schneller wäre, als das Licht; so weit weg sind diese Sterne, und so riesengroß müssen sie sein, daß man sie überhaupt noch sehen kann. Für ein achtjähriges, zehnjähriges Kind ist das eine Erfahrung, unter der die Welt sich ins Ungemessene öffnet, und wenn man ihm dann noch sagt, wie ungeheuer groß auch der Raum ist, der uns umgibt, ist das gewiß eine quasi-religiöse Erfahrung.

Was wir beide im Grunde jetzt gemeinsam sagen, ist doch, daß das Heilige gebunden ist an die Dichte der menschlichen Person und der menschlichen Existenz. Die innere Identität und Integrität des Personalen bildet die Erfahrungsvoraussetzung, Heiliges überhaupt zu entdecken. Ein in sich zerrissener, zerstörter Mensch kann etwas Heiliges überhaupt nicht an sich heran lassen, außer im Status der Sehnsucht. Mir scheint, daß wir in unserer Zeit einer sonderbaren strukturierten, organisierten Zerrissenheit des Menschen frönen, indem wir sehr einseitig nur den Intellekt fördern, die Emotionalität aber förmlich fürchten. Wir glauben ganz im Ernst, daß die Rationalität den einzig legitimen Zugangsweg zur Wirklichkeit erschließen könnte. Ich halte das für einen schlimmen Fehler.

Aus dem Beispiel des Dritten Reiches haben wir gelernt, daß Mangel an Aufklärung, Mangel an Reflexivität, in den kollektiven Wahnsinn führen kann. Das ist sicher richtig. Wir haben aber zu wenig beachtet, daß ein Teil dieses kollektiven Wahns im Faschismus darin bestand, eine bestimmte Verstandeseinseitigkeit zu züchten, die skrupellos macht. Die Rede ist mir unvergeßlich, die Heinrich Himmler vor SS-Leuten einmal halten konnte, wie schwer es denn sei, das Judenausrottungsprogramm durchzuführen, – jeden Tag etwa 500 Menschen erschießen zu sollen! Das durchgehalten zu haben und dabei anständig geblieben zu sein, sei ein ungeschriebenes Ruhmesblatt der deutschen Geschichte, meinte der Führer der SS. Er hat da insofern etwas Richtiges angedeutet, als wir die schlimmsten Verbrechen wirklich nur begehen können durch vollkommene Abschaltung der Gefühle, der menschlichen Wahrnehmung. Die schlimmsten Greueltaten im 20. Jahrhundert basieren auf dieser Voraussetzung: Wir sehen nicht mehr, was wir anrichten, und wir dürfen es auch gar nicht mehr sehen, sonst würden wir es nicht machen. Wir können nicht allen Ernstes Colonel Tibbets zusehen, wie er am 6. August 1945 über Hiroshima die Bombe ausklinkt oder uns anhören, wie General Sweeney im deutschen Fernsehen vor ein paar Monaten erklärte, daß er beim Bombenabwurf auf Nagasaki ja nur seine Pflicht getan habe, ohne innerlich zu protestieren. Aber der Grund für all das liegt in der Unsichtbarkeit dessen, was wir tun, in der technischen Abstraktion von der Wirklichkeit. Wenn wir einen Menschen vor uns hätten, der wirklich durch die Straßen von Nagasaki hätte gehen müssen, der die spielenden Kinder gesehen hätte, und man würde ihm gesagt haben: „In wenigen Sekunden gibt es das alles nicht mehr, – du wirst von all diesen Kindern nichts weiter mehr sehen als den Schattenriß an der Wand, bei den zehntausend Grad der Bombe, die du über den Städten entzündest", ich hoffe, niemand würde einen solchen Befehl ausführen. Wir dürfen nicht mehr sehen, was wir tun, um die Wirklichkeit aufrechterhalten zu können, in der wir uns befinden.

Das gilt genauso für die Umgangsweise mit den Tieren, mit der Natur. Wo werden menschliche Gefühle wirklich entwickelt, gefördert oder heilig gehalten, wo finden wir eine Sprache, die jenseits der Verwaltungsabstraktionen poetisch genug und menschlich verbindlich ist, um glaubwürdig zu sein?

Ich weise nur hin auf den Tod, den die Lyrik gerade im Deutschunterricht stirbt. Wir haben kaum noch Lehrer, die überzeugend vermitteln, daß man Lyrik lernen müsse, um ein wirklicher Mensch zu werden, und daß man lebenswichtige Gefühle nicht anders ausdrücken kann als in der Sensibilität einer offenen Sprache. Scheinbar brauchen wir das alles gar nicht mehr. Wir brauchen uns nur das Verwaltungsdeutsch des Bundeskanzlers und seiner Minister anzuhören! Paradoxerweise aber wissen die Jugendlichen, denen wir beibringen, daß Sprache zunächst einmal etwas mit Morphemen, Lexemen und den Tiefenstrukturen der Transformationsgrammatik zu tun hat, in Wirklichkeit längst schon, daß Gefühle so komplex und verschachtelt sind, als wären Logarithmen natürliche Zahlen. Da ringt etwas in ihnen um einen Ausdruck, der aber wird geradezu verboten in unserem Sozialisationsgefüge. Mitten darein stirbt deshalb auch das Wissen um das, was Gott sein könnte, wenn er als eine absolute Person in Erscheinung tritt – etwas, das man absolut lieben kann und für das man übers Wasser und durchs Feuer geht. Wie soll man so etwas lernen, wenn man nicht einmal lernen darf, einen Menschen so anzureden, daß es faszinierend, heilend und heiligend ist, reinigend und rettend für die eigene Seele wie für die des anderen?

Und dann muß man sich noch anhören, wie unsere Theologen in den Hörsälen in Glaubenslehre und Bibelauslegung ausgebildet werden, – ganz entsprechend reden sie dann später auf den Kanzeln. Man muß sich anhören, wie sechs Jahre lang katholische und protestantische Pastöre ausgebildet werden, indem sie die Sprache Kanaans auswendig lernen, ohne ein einziges gerades deutsches Wort dafür zu finden. Da wird etwa ein Gebet aufgeschlagen im Alten Testament wie das Gebet eines Königs, der zu sterben droht, während der Schatten der Sonne die Stufen seines Palastes emporkriecht – ein erschütterndes Zeugnis menschlicher Angst und Not, doch die erste Frage eines Berufsdozenten der Exegese wird sein: Was für ein Kompilat aus den und den Quellen haben wir vor uns? Kein Mensch lernt dabei beten, andächtig sein, sich selber finden und ein Gefühl haben. Es ist, wie wenn mit einem Fischnetz die Fische langsam aus dem Wasser gedreht würden und jetzt nach Luft schnappten, denn man hat sie mit System ihrem eigenen Element entfremdet. Was man ihnen zumutet, ist eine Sauerstoff-Beatmung, die nicht in ihre Kiemen geht.

Schorlemmer:

Ich erinnere mich an Psalmenauslegungen, in denen überhaupt nicht mehr erkennbar wird, daß es um Menschen geht, die zu den letzten Fragen gekommen sind. Die tiefinnere, die ganze existentielle Wucht oder poetische Zartheit oder gestalterische Schönheit, eine Klarheit, die sich gerade in der Gefühlsentwicklung darstellt, ein Umbruch, der sich in einem Menschen vollzieht, nichts davon wird mehr erkennbar. So kann man natürlich auf methodische Weise die Bibel erledigen, damit die Kirche das nachher in ihrer Praxis vollendet. Die sogenannte Praktische Theologie kommt dann eben einfach zu spät. Praktisch hieße, daß Theologie für Menschen da ist, daß das ganze Unternehmen der Theologie für Menschen da ist. Ein kleines Beispiel: Ich bin von einer Zeitung angerufen worden, was ich denn dem Jesuskind zu Weihnachten schenken würde. Da habe ich gesagt, dem Jesuskind will ich nichts schenken, sondern ich möchte gerne, daß das Jesuskind mir das schenken kann, was ich von ihm haben will, daß die Sanftmut, die von einem Kind ausgeht, mehr Kraft bekommt, das möchte ich gerne. Naja, fragte der Journalist: „Was würden Sie ihm denn dann schenken?" Sage ich: „Ich würde ihm einen Gedichtband von Rose Ausländer schenken." Da sagt er: „Das habe ich noch nie gehört. Worum geht es denn da eigentlich, ist das politisch, oder geht es um Liebe, worum geht es denn da bei der Rose Ausländer, oder geht es da um alles?" „Das ist eine Jüdin." „Aha, eine Jüdin", sagte er. Und: „Lebt die im Osten oder Westen?" Da sagte ich: „Nee, die ist schon tot." Er fragt nochmal: „Ja, worum geht es denn da?" „Sie haben schon recht, es geht um alles." „Gut", das schreibt er auf, „in der Lyrik von Rose Ausländer geht es um alles." Er hat wohl nicht gewußt, was er damit aufgeschrieben hat. Er meinte damit: Sie schreibt über alles Mögliche. Aber gesagt haben wir: Es geht um alles. Dieses Mißverständnis macht deutlich, welche völlig unterschiedlichen Wirklichkeitsebenen es gibt, auf denen wir miteinander kommunizieren.

Drewermann:

Sie geben mir ein ganz wichtiges Stichwort. Es ist, daß die Entdeckung des Heiligen, des Staunens, des Muts zum Wachsen gebunden ist an die Fähigkeit, die

Welt zu sehen wie mit Kinderaugen. Das wäre eigentlich das Geschenk von Bethlehem: Wir lernten die Botschaft eines Mannes, der sich konsequent geweigert hat, je das zu werden, was wir erwachsen nennen. Das ist eine wunderbare Legende bei Lukas 2, daß Jesus, gerade erwachsen geworden, mit 12 Jahren, als Kind noch, den Schriftgelehrten gegenübertritt und an sie Fragen stellt. Ich nehme an, Jesus hat damit nie aufgehört, Fragen an die Theologen seiner Zeit (und aller Zeit) zu richten, bis daß er dahin kam, die ganze Zunft der Schriftgelehrten in Frage zu stellen. Es liegt an dieser Stelle ein Bruch im Protestantismus, eine Inkonsequenz, indem man das Priesteramt abgeschafft hat, – weil es rituell magisch bestimmt war und im Grunde heidnisch; aber den mythisch-ideologischen Zweig der Theologenbeamtenschaft hat man immer noch erhalten, ja, der Protestantismus ist selbst daraus hervorgegangen. Drum steht er stets in der Gefahr, eine Professorenkirche zu bleiben, in der man vieles objektiv, auch in der Bibel und sonstwo, erkennt, aber das alles auf einer Ebene, die nicht zum Leben findet und nicht zur Anschauung gelangt.

Wie wichtig das Korrektiv der Anschauung ist, läßt sich vielleicht daran zeigen, daß man am Anfang der siebziger Jahre noch glauben konnte, es sei definitiv möglich, Kriege zu vermeiden, indem man sie visualisiert. Das Trauma von Vietnam für die Zyniker im Pentagon: Eine offene Gesellschaft, die sieht, wie ihre Panzerwagen durch brennende Bambusdörfer fahren, wie Kinder nackt auf der verbrannten Straße nach Pleiku mit Napalm bombardiert werden, kann nur laut sagen: „Mit uns nicht mehr! Es muß Schluß sein!" Gelernt aber hat man im Pentagon aus diesen

Erfahrungen, daß man im Golfkrieg unbedingt die Medien umfunktionieren müßte zur Darbietung von Videospielen, zu abstrakten Imaginationen über die Wirklichkeit. Da ist das Verfahren einer falschen Visualisierung schon identisch mit der zu exekutierenden Grausamkeit. Wer, frage ich, rettet die Kinder, wer rettet die Träume, wer rettet die Gefühle?

Auch an dieser Stelle sehe ich einen wichtigen Kulturauftrag der Psychoanalyse. Sie hat Ende des letzten Jahrhunderts, ich glaube völlig korrekt, herausgefunden, daß Menschen nicht gesund bleiben können, die nicht immer wieder Orte zu ihrer Regeneration aufsuchen, an denen ein jeder so was wie der Shakespeare oder der Goethe seines eigenen Lebens sein kann. Im Traum ist es möglich, in verdichteten Bildern von hoher poetischer Qualität sich die eigene Situation klarzumachen, viel deutlicher, als es im Wachzustand den meisten lieb sein wird. Man erfährt in den Träumen Aufschluß darüber, wie man die Person wurde, die mit bestimmten Konflikten beschäftigt sein *muß*, welche Lösungswege sich bieten, und ich bin der Meinung, daß wir auch die Bibel nur verstehen werden, daß wir auch die Sprache Gottes nur erlernen können, wenn wir diese Poesie der Seele wiedergewinnen.

Mir scheint nichts absurder als eine theologische Ausbildung, die den Leuten das Träumen förmlich verbietet oder die sich gegen die Bilder stemmt und diese Psychophobie für das Wort Gottes ausgibt. Wenn Gott redet, dann doch nur in der Weise, daß ein Menschenwort imstande ist, Erfahrungen zu beschwören, indem es aus dem Brunnen des Unbewußten so viele Assoziationen hervorholt, daß eine ganze Welt sich darin spiegelt. Nur ein dichterisches Wort ist ein wirklich göttliches Wort. Ein beamtetes, ein nur hergesagtes, ein doktrinäres Wort hingegen trägt den Geist der Götzen.

Insofern müssen wir an dieser Stelle, um des Menschen und buchstäblich um Gottes willen, Kräfte der Regeneration im Menschen aus der Sphäre der Träume und der Poesie wiederfinden. Das ist ohne Zweifel ein Auftrag an unsere Gesellschaft, an unsere Kultur, an unsere Schulen, aber gewiß vor allem an uns selber in der Art, wie wir Theologie treiben.

Albus:

Das wäre ein Auftrag der Kirche. Ich würde mir wünschen, daß die Kirchen wieder ein Raum würden, wo so etwas wieder wachsen könnte.

Drewermann:

Warum das nicht wachsen darf, ist vollkommen klar. Wer den Kindern die Lyrik lehrt, bringt ihnen bei, daß die Liebe der Seele Flügel verleiht, daß die Freiheit eines Menschen darin besteht, selber fühlen, selber denken, selber leben zu können. Das aber ist das Gegenteil der Verwaltungsbürokratie, der Gleichmacherei, der Phrasendrescherei in allgemeinen Formeln, immer nach der Devise: Ordnung ist Gesetz mal Anwendung. So etwas muß die verfaßte Kirche fürchten: daß ein Mensch frei werde! Das ist dasselbe Problem wie in dem Film von P. Weir: „Der Club der toten Dichter": Wenn junge Leute erstmal lernen, wie die Welt aussieht, indem sie sich selber auf die Bänke stellen, verdient ein solcher Lehrer, seines Amtes entlassen zu werden.

Albus:

Als Sie beide vorhin von den Erfahrungsmöglichkeiten des Heiligen sprachen, habe ich mich dauernd daran erinnert, wie 1957/58 im Winter in Wien, seinem letzten Lebenswinter, Reinhold Schneider im Caféhaus saß und alle schlimmen Nachrichten aufschrieb, die er erreichen konnte: über den Strontiumgehalt in den Knochen der Kinder, über Insektenstaaten, in denen einer den anderen auffrißt, und am Schluß einfach schreibt: ‚Zu Gott kann ich eigentlich nicht mehr Vater sagen, er hat die Maske des Zerschmeißenden, des Keltertreters angenommen.' Ich denke, wenn wir über Gott sprechen, über das Heilige, müßten wir auch darüber reden oder mindestens das ins Wort zu bringen versuchen. Uns wird ja als Christen oft angekreidet, daß wir von den Menschen erwarten, was man umgekehrt auch von uns erwartet: eine Selbstverständlichkeit in der Gotteserfahrung positiver Art. Kirchen waren nie ein guter Ort, nie in der Geschichte, um über die abgründige Seite Gottes zu sprechen. Ich denke an die Mystiker. Heute machen Menschen immer noch abgründige Erfahrungen. Wie kann in solchen abgründigen Erfahrungen trotzdem verhindert werden, daß Menschen sich vom Geheimnis ihres Lebens noch mehr entfernen, als es sich in solchen Erfahrungen schon entfernt?

Drewermann:

Ich habe an Reinhold Schneider, seitdem ich ihn gelesen habe, seit dem 17. Lebensjahr, gelitten, zutiefst gelitten, weil die Frage nach der Rechtfertigung Gottes, die Theodizeefrage, mich endlos gequält hat. Das hatte auch zu tun mit der Lektüre Albert Schweitzers und Arthur Schopenhauers. Reinhold Schneider konnte in der Einleitung seiner Anthologie von Schopenhauer einmal sagen: Für diesen Mann war eine Bettlerin am Eingang der Kathedrale von Lissabon ein Argument des Atheismus; für ihn war ein Eichhörnchen, das von einer Schlange gefressen wird, ein Beweis gegen den Gott der Bibel. Ich fühlte ganz genau so. Mir scheint, daß wir den Weg vor allem Rußlands in den Atheismus im 19. Jahrhundert gar nicht anders begreifen können denn als den Zusammenbruch der gesamten Theologenrede von einem Gott, der allmächtig und allbarmherzig zugleich ist, der aber ungerührt dem Leid der Welt zusieht.

Vorausgegangen war geistesgeschichtlich bereits in den Tagen Voltaires das Erdbeben von Lissabon. Eine der schönsten Städte Europas ging zugrunde unter wenigen Erdstößen, und auf den Kanzeln fragte man sich, warum nur ausgerechnet das Hurenviertel der Stadt unbeschädigt geblieben sei. Marquis de Pombal, der Lissabon großartiger aufbauen ließ, als es je gewesen war, setzte nicht auf die Vorsehung Gottes, sondern auf die technische Vernunft und Organisation. „Was werden Sie tun, Marquis?" „Von vorne anfangen, – den Bettelnden Brot geben, den Obdachlosen Häuser." Das war der Ersatz des frommen Gottvertrauens durch menschliches Handeln.

Dostojewski hat das Problem einmal in den Brüdern Karamasow äußerst prägnant formuliert, als er den grübelnden Iwan seinen Bruder, den Mönch Aljoscha, fragen läßt: „Aljoscha, wenn du die Weltenharmonie erschaffen könntest, aber du müßtest sie gründen auf die Tränen eines einzigen Kindes, Aljoscha, ich frage dich, würdest du das tun?" Iwan hatte zuvor die Zeitungen gelesen und monatelang Artikel ausgeschnitten, die schildern, wie Kinder gequält werden, wie unschuldige Kinder sinnlos gequält werden, und so träumt er davon, wie eine Welt aussähe, in der das nicht vorkommt, indem man den Menschen die Freiheit nähme, Verbrechen noch zu begehen. Da entwirft er die Idee vom Großinquisitor – zur Beglückung aller, er entwirft das, was Dostojewski das Glückseligkeitszuchthaus nennt –, fast das DDR-Programm des beginnenden Sozialismus. Die Folgerung ist unabweisbar: eine Welt ohne Leid ist eine Welt ohne Leben und ohne Freiheit.

Mir hat das sehr eingeleuchtet, daß Reinhold Schneider quasi als ein Verzweifelter starb, weil er mit der Theologie, die er gelernt hatte, die das Christentum ihm verkündet hatte, nicht zurechtkommen konnte. Das Christentum dogmatischer Prägung folgt bis heute einer mythischen und höchst widersprüchlichen Weltinterpretation. Es lehrt, daß es sehr viel Schreckliches gibt in der Welt, weil der Naturzustand verdorben worden sei, und das wiederum liege daran, daß am Anfang, noch vor aller materiellen Schöpfung, der Höchste aller Engelwesen zu einem Teufel geworden sei; seither trage er ein Interesse daran, die Welt zu zerstören. Später dann, durch den Sündenfall des Menschen, sei die Natur noch weiter korrumpiert worden, so daß alles Leid, das in ihr vorkomme, im Grunde doch einer weisen Strafe Gottes entspreche, der uns durch Not und Elend demütig und fromm machen möchte, einsichtsvoll und bußfertig. Mit anderen Worten: Wir haben von vornherein kein Recht, über das Unheil in der Welt nachzudenken, wir sollten uns vielmehr an die eigene Brust schlagen. – So etwas, übrigens, sagt Jesus tatsächlich einmal im Neuen Testament; als die Leute ihn fragen: ‚Was war denn mit den Menschen, auf die der Turm in Siloa gestürzt ist?', antwortete er: ‚Darüber solltet ihr nicht nachdenken, ihr solltet euch fragen, wie es wäre, er würde auf euch stürzen können.' Das hat gewiß eine tiefe menschliche Weisheit, indem Jesus sagen wollte: ‚Kümmert euch zunächstmal nicht um das Unglück anderer, sondern seht zu, wie ihr selber lebt.' Aber aus dieser existentiell richtigen Einsicht hat man in der Kirche eine schlimme Apologetik gemacht: Je größer das Leid, desto größer muß die Sünde sein, ob von Engeln, Teufeln oder von Menschen verübt. Irgend jemand muß gesündigt haben, sonst wäre das Leid ja nicht vereinbar mit der Idee eines guten, allweisen und allmächtigen Gottes.

Von dieser ganzen Idee habe ich langsam Abschied nehmen müssen, nicht freilich durch Einsichten der Theologie, sondern der Naturwissenschaften. Denen bin ich dankbar, daß sie mir geholfen haben, das biblisch-kirchliche Weltbild endgültig als einen mythischen Rest auszuklammern. Die Wahrheit ist viel einfacher, vielleicht auch brutaler und grausamer, gewiß aber auch großartiger und weiser. Sie lautet entsprechend dem, was wir vorhin für die meisten wohl zunächst unangefochten gesagt haben, aber jetzt, in der Theodizeefrage, bis zum Widerspruch provozierend vielleicht wiederholen müssen, ganz einfach so: Wir Menschen stehen nicht im Mittelpunkt der Welt, weder was unsere Machtansprüche angeht noch auch was unsere Erkenntniskategorien angeht, und zwar sowohl unsere moralischen wie auch unsere ästhetischen Urteile.

Wir bewundern beispielsweise ein Spinngewebe in den beginnenden Wintermonaten, wenn der Tau darauf liegt und die aufgehende Sonne sich darin spiegelt, – es ist wunderschön! Aber viele Menschen haben Ekel vor der Spinne, die das Spinnennetz geformt hat. Natürlich aber gibt es Spinnennetze nur, solang es Spinnen gibt. Lebensformen, die auf der Linie liegen, durch die der Mensch durch die Evolution hervorgebracht wurde, sind uns verstehbar, einfühlbar, ästhetisch ansprechend, andere sind das ganz und gar nicht. Die Natur aber hat offensichtlich kein Interesse daran, nur Formen hervorzubringen, die wir Menschen schön finden, und nur solche Gesetze einzurichten, die auch die menschlichen Gesetze sein könnten. Sie tut vieles, das, wenn es Menschen täten, eine unverantwortliche Barbarei darstellen würde, einen grenzenlosen Zynismus, eine verbrecherische Gefühlskälte im Umgang mit fühlenden Wesen. Kurz, wir haben jeden Grund, Ijob rechtzugeben und laut zum Himmel zu schreien.

Was wir aber in den heutigen Naturwissenschaften miterleben, ist das 40. Kapitel des Buches Ijob: daß Gott sich noch einmal neu zeigt in seiner Natur, die wir nur besser begreifen müßten, als es den Theologen bisher erlaubt und möglich schien. Die leben, nach meinem Betracht, immer noch im Mittelalter, haben weder Kopernikus noch Darwin verstanden und jammern herum, daß ihre Vorstellungen von der Welt nun einmal nicht den Tatsachen entsprechen.

Ich muß nochmal darauf hinweisen, was wir eben sagten: Jeder Fortschritt in der Naturwissenschaft ist im christlichen Abendland erkauft worden mit einem Wachstum an Atheismus, weil Glauben stets identisch gesetzt wurde mit dem Kirchenaberglauben. In Wahrheit haben wir in der Neuzeit vor allem durch die Methode der Verknüpfung von empirischer Beobachtung mit mathematischer Formulierung der Wirkungszusammenhänge die Wirklichkeit der Welt und damit doch wohl auch Gott als ihren Schöpfer nur tiefer verstanden, weit kreativer, weit größer, als daß er den menschlichen Zwecksetzungen genügen würde. Das Weltbild, dem wir heute folgen, basiert auf der Vermutung, daß das, was wir als das Negative betrachten, in Wirklichkeit den eigentlichen Motor der Evolution darstellt.

Nehmen wir nur eines der Grundgesetze des Lebens, das Wechselspiel von Mutation und Selektion, das die Voraussetzungen zu Artenentstehung und Artenvielfalt bietet. Mutation bedeutet, daß richtungslos experimentiert wird auf der Basis der Gene; in den allermeisten Fällen ist das Resultat für das betroffene Individuum schädlich; es kann bedeuten, eine Erbkrankheit zu haben wie den Veitstanz oder wie die Zuckerkrankheit oder eine körperliche Anomalie wie die Scheuermannsche Krankheit – verurteilt mithin zu endlosem Schmerzempfinden, zu einem Eingesperrtsein der Seele in einem Knochensystem, das wie ein Vogelkäfig immer enger wird. Von dieser Art sind die Folgen ungerichteter Erbänderungen, ausgelöst durch terrestrische Strahlung, durch UV-Strahlung, durch Quantensprünge im Genbestand. Aber nur weil es so etwas gibt, und zwar in einer angemessenen Rate gibt, ist das, was wir als Evolution bezeichnen, auf diesem Planeten möglich. Es gibt grade so wenige Mutationen, wie gebraucht werden, um nicht zerstörerisch zu wirken, und es gibt grade so viele Mutationen, wie nötig sind, um wirklich neue Arten zu ermöglichen. Keinerlei Grund, sich zu beschweren, liegt in alledem. Erst wenn wir beginnen, die Welt zu betrachten mit der Frage, die im Christentum groß geworden ist: Was tut der liebe Gott, um durch seine Natur das Wohl des Einzelnen zu befördern, wird die Weltbetrachtung absurd.

Angefangen hat diese Mißweisung schon mit der Vorstellung des alten Israel, Gott hätte die ganze Welt eingerichtet, um das Wohlergehen seines Volkes Israel zu garantieren. Gesteigert noch hat diese Konzeption der „Theologie" das Neue Testament, indem es nicht nur auf ein einzelnes Volk, sondern auf jeden einzelnen Menschen hin die göttliche Vorsehung interpretiert hat. Diese Weltbetrachtung ist, glaube ich, ein für allemal am Ende. Der Natur geht es niemals um das Individuum, wenngleich wir sehen können, daß in der Entwicklung des Lebens die Bedeutung des Individuellen ständig zunimmt. Die Natur ermöglicht uns, sie meint uns nicht. Es liegt ihr überhaupt nicht daran, daß wir persönlich besonders glücklich werden; vielmehr müssen wir selbst herausfinden, ob wir das werden.

Rupert Riedel hat einmal gesagt: Das Fatale an der Evolution ist, daß sie Kathedralen so konstruiert, daß sie für die Änderung auch nur eines Dachreiters irgendwo den ganzen Bau wieder abreißen muß, um ihn völlig neu zu errichten. Alle Veränderungen der Arten finden ja statt auf einer Ebene, die die gesamte Konstruktion unseres Organismus bedeutet; und am Ende nimmt die Natur alles zurück, worin, geistig betrachtet, unser Leben liegt: sogar unser Bewußtsein. Biologisch betrachtet, ist selbst unsere Seele nichts als ein Annex von körperlichen Vorgängen, eine Struktureigenschaft komplexer Systeme. Da hat der Buddha im Grunde recht, wenn er zu seinen Schülern sagte, sie müßten begreifen, daß alles, was sich zusammensetzt, die Tendenz hat, sich auch wieder aufzulösen, und zwar ohne jedes Bedauern. Man muß lernen, damit zu leben. Da war der Buddha um 2500 Jahre weiser als die Theologen unserer Gegenwart.

Albus:

Herr Schorlemmer, wenn Sie das hören, was Herr Drewermann eben gesagt hat, können Sie dann noch an das Walten Gottes in der Geschichte glauben?

Schorlemmer:

Ich glaube, daß Herr Drewermann eben etwas gesagt hat, über dessen Konsequenzen er sich vielleicht selber noch nicht ganz klar ist; daß wir nämlich von einigen Grundfesten unseres Glaubens lassen müssen, wenn er recht hat. Ich bin bestürzt von solch einem Gedanken. Denn Sie gehen, relativ nüchtern plötzlich, von der Empfindungslosigkeit des Weltprozesses aus, der sich aber für den einzelnen als Gnadenlosigkeit darstellt, als Ausbleiben jeden Sinnes, als Ausbleiben jeder Gerechtigkeit, als Ausbleiben jeden sinnvollen Gefüges. Das würde ja denjenigen recht geben, die sagen, „es gibt keinen Gott, lebe, sieh zu, daß du deine Wegstrecke verlängerst und verschönerst". Das würde den Egoismus befördern. Was in dieser Interpretation plötzlich nicht mehr drin ist, ist der Existenzschrei dessen, der betroffen ist. So sehr wir das nüchtern erklären können, wie Sie das tun, so sehr ist derjenige, der mit 18 Jahren Leukämie bekommt, oder die Frau, 24, die gerade ein Kind bekommen hat und Brustkrebs hat, verzweifelt. Wenn ich ihnen erkläre, „das ist so in der Welt", bin ich unbarmherzig. Ich bin gegen eine falsche Deutung solchen Lebensunglücks durch den Glauben, schon deswegen, weil Religion damit unglaubliches Schindluder betrieben hat, indem Priester leidenden Menschen etwas gedeutet haben, um dem einen Sinn zu geben, und der Sinn, der ihnen versucht wurde einzureden, war Gnadenlosigkeit in Potenz. Für mich gibt es auf den Schrei, auf den gemeinsam ausgehaltenen Schrei Jesu am Kreuz: „Mein Gott, mein Gott, warum hast Du mich verlassen?" keine Antwort. Wir sollten es sein lassen, Antwort zu geben. Aber der Schrei muß erlaubt bleiben. Das ist für mich Teil des Glaubens, daß wir diesen Schrei aussenden, nicht wissend, ob wir je eine Antwort bekommen, und uns hüten, uns in irgendeine Antwort hineinzumogeln. Aber jedenfalls würde Glauben für mich heißen, mit dem anderen das durchzustehen, soviel Nähe, wie möglich ist, zu geben, soviel Einsamkeit zu vermindern, wie möglich ist, und uns dennoch klarwerden: Den entscheidenden Schritt im Leben muß jeder doch ganz und gar für sich tun und auch manches mit einer offenen Frage enden lassen. Das sage ich jetzt so einfach hin. Wenn ich morgen „einen Befund" hätte, wie man heute so verbergend sagt, wüßte ich nicht, was ich dann noch sagen würde. Aber eins weiß ich genau, nichts wäre mir so schlimm wie eine falsche Antwort. Als ich fünfundzwanzigjährig mit Krebsverdacht im Krankenhaus lag, war ich zunächst sehr bestürzt, wie stumm mein Vater wurde, nichts sagte und schweigend rausging. Ich merkte: Er hat nichts für mich, und ich war ihm eine Weile gram. Ich brauchte sehr lange, um zu merken: es war gut, daß er nichts gesagt hatte. Erklären wäre viel schlimmer gewesen. Das heißt: Er hat einen Teil der Warum-Frage, des Leids auf sich genommen und mir das auch zeigen wollen. Es ist ihm so nicht gelungen, wie ich das gewünscht hatte. Ich wollte nur sagen: Glauben muß auch heißen, die Warum-Frage gemeinsam auszuhalten, aber auch nicht aufzuhören, sie zu stellen.

Drewermann:

Selbst wenn sie unbeantwortbar ist, ja. Wir kommen freilich nicht umhin, auf mindestens zwei Ebenen zu sprechen.

Das eine war die Ausgangsfrage von Reinhold Schneider: ‚Warum ist die Natur so, wie sie ist?' Das ist eine objektiv zu stellende Frage. Und auf die läßt sich eine Antwort geben. Sie lautet in angegebenem Sinne: Natürlich ist die Natur nicht menschlich, und zwar einfach schon deshalb nicht, weil wir selber nur ein Teil von ihr selber sind. Die Menschlichkeit der Welt kommt durch Menschen zustande, sie ist nicht als Naturzustand auffindbar. Das ist das eine. Ich denke, in aller Ehrlichkeit sollten wir uns das zugeben. Wir hätten dann schon Grund genug, verständliche Klagen und verständnisvolle Fragen zu stellen, aber auch ein Stück weise zu werden.

Ich habe seit jeher die Stoa in der Antike bewundert, die das Lamentieren abschaffen wollte durch den Mut, das Schicksal, wie es sich darbietet, anzunehmen. „Selbst wenn die Welt zusammenbricht, werden ihre Trümmer einen Furchtlosen treffen", lautete einer ihrer Lieblingssätze. So sollten wir denken, scheint mir – mindestens was mich selber betrifft, möchte ich so leben. Andererseits natürlich, wenn die Trümmer andere treffen, könnte auch ich fuchsteufelswild werden und möchte die retten oder finde das ganze Weltengebäude, das sich solche Abenteuer mit Menschen erlaubt, inakzeptabel, doch ich weiß auch, daß mein Protest nichts weiter ist als eine humanistische Option, keine Naturphilosophie. Gedanken dieser Art finden sich vor allem im modernen Existentialismus wieder. Ich leugne nicht, daß Menschen für ihr Leben verantwortlich sind, um so mehr, als wir die biblisch-christliche Idee einer Vorsehung Gottes in jedem Einzelfall getrost streichen können. Wir sind viel freier, als wir denken. Wir haben viel mehr Möglichkeiten, als wir unter der Dunstglocke von Kirche, Staat und Gesellschaft meist für möglich halten oder als uns durch die eigene Psychogenese und Biographie beigebracht wurde.

Insofern mag ich Ihrer Konsequenz oder Horrorphantasie so nicht ganz zustimmen. Die Folge der Beseitigung der Idee eines Gottes, der sich um alles und jedes kümmert, ist ja nicht die Erlaubnis, Egoist zu sein, wie man will; sondern angenommen, man würde wirklich egoistisch handeln, so habe ich das Vertrauen, daß man sehr bald merken würde, wie ruinös es ist, als Egoist zu leben, wie unglückselig und einsam es macht. Epikur in der Antike war gut beraten, als er dachte, Moralität lasse sich gründen auf ein vernünftiges Glücksstreben. Auch das sind Gedanken, die in der Moderne zum Beispiel bei Bentham wieder auftauchen, freilich stets außerhalb der Kirche. Sie aber sagten ja eben selber: es stehen die Liebe zum andern und die Eigenliebe doch nicht in Konkurrenz zueinander, so wenig wie die Liebe zu Gott und die zu den Menschen. Warum also sollten wir die Freiheit und Selbstentfaltung des Menschen fürchten?

Dann weiß ich natürlich auch nicht, was ich am Krankenbett sage, wenn jemand Aids oder Krebs hat oder endlos wimmert vor Schmerz, und er erleidet das viele Jahre, ohne jede Schuld. Der Schmerz ist dabei das Schlimme, nicht einmal der Tod, auch nicht die Krankheit, aber der Schmerz. Gott sei Dank, daß wir durch die Medizin daran vieles verbessern können. Der Tod an sich ist für die meisten wohl nur deshalb inakzeptabel, weil sie falsch leben oder seit langem schon falsch gelebt haben. Dann tritt der Tod an sie heran wie die Notwendigkeit, ein Leben zu unterschreiben, das sein Thema noch nicht gefunden hat, wie eine Quittung, eine Rechnung, die sie nicht bezahlen können. An allen Stellen aber wird es darum gehen, die Fixierung auf die Todesgrenze abzubauen durch ein wirklich solidarisches Engagement; schon das kann oft sehr helfen. Ich treffe beispielsweise alte Leute, die seit Jahren mehr mit ihrer Katze oder ihrem Wellensittich reden als mit irgendeinem Menschen; und doch, dieses kleine Stück Leben, das sie in ihrer Nähe haben, verbindet sie im Grunde mit der ganzen Welt. Es ist nur ein winziges Stückchen Leben, aber solange es für sie noch etwas gibt wie Mitleid, wie Gefühl, wie Verantwortung, bleibt doch etwas wach, das hilft, gegen den Schmerz anzulieben und anzuleben.

Das ist auch für mich selbst ein Rest von Hoffnung. Denn die Natur ist ja nicht nur blind und grausam – das ist sie auch, in der Art, wie sie mit uns umgeht;

aber sie hat in unsere Köpfe eine ganze Menge von Impulsen gelegt, die großartig sind und die eigentlich die Basis all unserer Menschlichkeit darstellen. Das beginnt schon bei den Tieren. Eine Katze wird rührend ihre Jungen pflegen, eine Kuh ihr Kälbchen lecken, eine Menschenmutter ihr Kind in die Arme nehmen. All das sind die nämlichen Gefühle, mit denen Sie als Mensch der Geburt Ihres Kindes beiwohnen. Allein schon der Impuls, Kinder zu schützen beispielsweise, oder einander als Mann und Frau zu lieben, oder füreinander Sorge zu tragen und bestimmte Formen des Respekts einzuüben, all das hat die Natur uns doch auch mitgegeben. Die Fehler unserer Weltbetrachtung beginnen erst da, wo wir die menschlichen Erwartungen extrapolieren und so tun, wie wenn die ganze Welt so sein müßte, wie wir es wünschen. Das kann sie nicht, denn sonst hätte sie uns nie hervorgebracht. Soviel zur Ordnung der Naturgeschichte.

Was die Menschengeschichte angeht, so macht sich vielleicht der Unterschied von den nur vier Jahren Altersdifferenz zwischen uns bemerkbar. Sehr wichtig für mich sind die ersten Kindheitserlebnisse, – die Bombenangriffe auf meinen Heimatort Bergkamen. Ich war drei, vier Jahre alt, als die Alliierten unser Dorf zu siebzig Prozent flachlegten. Jahrelang noch zeigten die zwei Bombentrichter in unserem Garten, wie knapp wir dem Tod entronnen waren; die vier Häuser neben uns waren durch eine Luftmine zerfetzt worden. Daß es mich gibt, ist ganz offensichtlich ein reiner Zufall von Bruchteilen der Sekunden beim Bombenabwurf. Ich habe später hören müssen, daß dieser Krieg ja moralisch richtig geführt wurde – nur so konnte man Hitler besiegen! Ich habe gehört, daß auch Hiroshima notwendig war, um dem Guten in Ostasien zum Durchbruch zu verhelfen. Vielleicht konnte man wirklich die Tore von Dachau und Auschwitz nur mit Stalinorgeln und mit Shermanpanzern sprengen. Aber wieder: ein heiliger Krieg? Soll es wirklich so sein, daß das Gute nur gut ist, solange es bewaffnet auftritt?

Mit anderen Worten: Was die Geschichte, die ich erlebt habe seit Kindertagen, angeht, habe ich nicht die mindeste Hoffnung, daß zwischen dem, was wir wollen und beabsichtigen, und dem, was dann objektiv eintritt, ein vernünftiger Zusammenhang besteht. Jede Art von Absurdität ist mir da gewöhnlich. Ich schließe daraus, daß es auf nichts weiter ankommt, als erst einmal die paar Wahrheiten, die man selber sieht, auch wirklich zu tun.

Die meisten Menschen übernehmen sich, indem sie gleich die große Verantwortung, die Weltverantwortung, auf sich laden; und zu diesem Zwecke müssen sie Mehrheiten suchen, damit sie überhaupt anfangen, etwas zu tun, und schon dabei scheitern sie meist. Haben sie aber wirklich erst einmal die Mehrheit, so mißbrauchen sie sie meist sehr bald schon zum Gegenteil ihrer ursprünglichen Absichten. Was wir die Menschen lehren sollten, wäre, daß sie zuständig sind für sich selbst und für das, was sie in ihrem Leben als Auftrag begreifen. Dann ist das Scheitern nach wie vor durchaus möglich, aber es ist kein Argument gegen die Hoffnung. Der Mann aus Nazareth mit seinem Beispiel ist mir da sehr lieb, trotz seines Scheiterns bis hin zum Kreuz. Er sagte: „Das Kreuz widerlegt überhaupt nicht, was ich zu sagen habe. Daß ihr mich totschlagen könnt, was beweist das?" ...

Schorlemmer:

... Ja, aber sogar das, woran ich glaube, kriegt ihr nicht tot ...

Drewermann:

Eben! Jesus meinte: „Ich werde gerade, weil ich euch so provoziere, nur so weitermachen können; denn ich ergreife Partei für all die Leute, die an euch leiden. Was dabei herumkommt, wird Gott selber wissen. Dafür bin ich nicht zuständig. Ich bin zuständig, das zu tun, was bei mir liegt." Das ist in gewisser Weise wieder ein guter stoischer Gesichtspunkt – die Welt auf die Frage hin zu betrachten, ob die Dinge bei uns liegen oder ob sie nicht bei uns liegen.

Schorlemmer:

Ich habe die Vermutung, den Verdacht, daß Sie sich über eine Konsequenz noch nicht genügend klar sind, daß dies den Glauben in den tiefsten Tiefen erschüttert: Den Glauben, der ganz einfach sagt, daß Gott die ganze Welt in seiner Hand hält. Also: alles, das Ganze hat einen Sinn. Und den Glauben: Du bist einmalig, du bist geliebt, schön, daß du da bist, und weil du ein solcher Geliebter bist, bist du auch ein Beschützter. Also, was sich in unserem Glaubenszusammenhang ausdrückt, in dem unglaublich schönen und tiefen Lied „Was Gott tut, das ist wohlgetan. Es bleibt gerecht sein Wille", das wird auch bei der Beerdigung gesungen. Das heißt: Das ganze Leben wird im Glauben in ein Sinngefüge eingeordnet, das auch dem einzelnen zukommt, so daß er sogar manchmal sagen muß: ‚Was hier geschehen ist, ist letztlich gut, Gott.' Was Sie jetzt sagen heißt: ‚Verzichte darauf, das so zu sehen, denn das bringt dich nur in Erklärungszusammenhänge, die ohnehin nicht zutreffend wären.' Aber ich glaube, es erschüttert die Grundfesten des Glaubens, daß letztlich Gott dieser Welt und dir gut ist, was ja auch Basis meines Glaubens ist. Es ist so, letztlich. Und die Kirche hat sich daraus herausgeholfen, indem sie gesagt hat: ‚Credo quia absurdum est'. Das gilt nicht nur im gedanklichen Zusammenhang, auch in Existenzzusammenhängen. Ich glaube, obwohl unbegreiflich ist, was mir geschieht. Ich weiß den Sinn nicht, aber ich glaube einen. Selbsttäuschung oder Lebenshilfe?

Drewermann:

Das schließt sich jetzt paradoxerweise nicht aus. Woran ich nicht glaube ist, daß die Ereignisse in der Natur oder in der menschlichen Geschichte in erweisbarem Zusammenhang mit irgendeiner speziellen göttlichen Absicht zu sehen sind. Ich verstehe, daß ein Jude, der in Auschwitz gerettet wurde, Gott auf den Knien dafür dankt und womöglich auch den Russen, die ihm in dem Moment als ein Werkzeug Gottes erscheinen. Eine solche Gefühlsregung ist ja möglich und durchaus verstehbar. Aber sie beantwortet natürlich keine Frage. Was ist denn mit den Hunderttausenden von anderen Menschen, die nicht gerettet wurden? Wie hat sich Gott denen gegenüber verhalten? Und was war mit Hiroshima, wenn das der Preis für den Frieden am Ende des Zweiten Weltkrieges sein sollte? Schon rein logisch kommt man mit einem individuell begrenzten Deutungsansatz bei der Interpretation des Weltgeschehens nicht weiter. Deshalb sage ich mir, daß wir als Menschen aus Voraussetzungen leben, die wir weder aus der menschlichen Geschichte noch aus der Naturgeschichte rechtfertigen können. Dieser Gedanke: Du bist als Mensch etwas Einmaliges, Kostbares, Unverzichtbares, leuchtet an sich völlig ein; er besagt aber zunächst nicht viel mehr, als daß jede tanzende Schneeflocke auch etwas Einmaliges ist – kein noch so begabter Künstler könnte eine solch filigrane Schönheit, wie die meisten Schneeflocken sie unter dem Mikroskop in ihrer Architektur aufweisen, als Geschmeide herstellen. Würden die Schneeflocken über ihr kurzes Leben nachdenken, so hätten sie vollkommen recht zu sagen: „Es gibt uns nur ein einziges Mal im ganzen Kosmos, eine jede von uns ist etwas Unvergleichliches." Die Individualität allein ist deshalb noch nicht das Problem. Das Problem ist, daß wir Menschen unsere Individualität reflektieren und mit ihr als einem moralischen Anspruchsrecht der Natur gegenübertreten, ja, daß wir mit unserer Person den Vorstellungsrahmen von etwas verbinden, das uns gewollt und beabsichtigt hat, das selber Person ist. Eine solche Vorstellung scheint auch mir notwendig zu sein, um sich als Mensch, als Individuum zu vollziehen. Ich könnte mit dem bloßen Zufall, mit den Mendelschen Gesetzen und der Darwinschen Selektion allein auch nicht leben. Die Frage aber ist jetzt, wie wir auf die Idee einer absoluten Person im Hintergrund einer apersonalen Welt kommen! Wir projizieren da eine Erfahrung, die wir menschlich machen, ins Unendliche hinein. Es würde uns nicht gegeben haben, wenn es unseren Vater und unsere Mutter nicht gäbe und wenn diese uns nicht, einigermaßen wenigstens, so geliebt hätten, daß wir dabei groß geworden sind. Aus Erfahrungen dieser Art leiten wir ab, daß es im Absoluten eine väterliche oder mütterliche Macht gibt, die uns vor allem Dasein bejaht hat.

Schorlemmer:
‚... muß ein lieber Vater wohnen.'

Drewermann:
„... muß ein lieber Vater wohnen". – Das heißt, wir extrapolieren und projizieren menschliche Voraussetzungen, unter denen wir uns das Leben sinnvoll denken, ins Absolute hinein und nennen das Gott. Mir scheint dieser Schluß notwendig und richtig, mindestens für den Menschentyp, der heute lebt und den wir wollen: individuelle Personen mit einem ungeheuren Wertbewußtsein und Anspruchsdenken an sich selber und die Welt, die sie umgibt. Zu Menschen dieser Art gehört die Vorstellung eines persönlichen Gottes – das ist auch mein Glaube. Denn: Eine bejahende Antwort für die menschliche Existenz läßt sich aus der Natur nicht ableiten; und um so wichtiger ist mir der Glaube an Gott als an eine absolute Person zur Begründung des Menschen und als Basis der Menschlichkeit.

Nur: Dieser Glaube enthält nicht die geringste objektive Aussage über die wirkliche Welt in ihren Erklärungszusammenhängen! Das meinte ich mit den zwei Ebenen.

Die Ebene, in der wir Aussagen über die Geschichte oder über die Natur, wie sie faktisch sind, machen, ist verschieden von der Ebene, auf der wir religiös die Weltzusammenhänge in unserer Bedeutung für uns als Menschen zu verstehen suchen. Mir liegt jetzt sehr daran, daß wir die Sprechrichtung genau bestimmen. Wenn wir sagen: „Gott hat dies und das gewollt!", sollten wir eigentlich sagen: „Wir danken dafür, daß dies und das eingetreten ist, indem wir uns dadurch mit der Macht verbunden fühlen, die hinter allem steht." Aber wir sollten dabei auch sagen oder uns zumindest bewußt bleiben, daß wir damit eine rein menschenbezogene Deutung an eine absolut fremde, unbekannte, abweisende Welt herantragen, die gerade deshalb „göttlich" ist, weil sie uns unendlich überragt. Die Theologen aber ändern die Sprachrichtung. Sie fühlen sich ermächtigt, von Gott her zu sagen, was Gott sich dabei gedacht hat, als es so kam, wie es dann kam. Diese Art zu reden überschreitet in jedem Fall unsere Zuständigkeit. Da werden ja nicht länger mehr Fragen offengelassen, sondern in der Dauerauskunftei der Theologen wird hier bis ins Absurde ein absolutes Wissen (aufgrund göttlicher Offenbarung) vorgetäuscht. Das begründet natürlich über kurz oder lang wieder den Atheismus. Denn wenn Menschen erst einmal an all das glauben, was die kirchlichen Lehren ihnen sagen, werden sie bald schon enttäuscht, wie im Alten Testament bei so vielen unerfüllten Prophetenworten. Ich persönlich benötige geradezu geistig den Spielraum des Nichtwissens. Ich weiß nicht, ob ich das machen könnte – bei der Beerdigung zu singen: „Was Gott tut, das ist wohlgetan"! Ich kann auch nicht glauben, daß die Lösung wirklich in solcher Theologenfrömmigkeit liegt. Mir kommt sie kurzschlüssig vor.

Ich erzähle als Beispiel zur Begründung einmal von einem Mann, der vor zwei Jahren seine Frau verloren hat. Mit ihm wurde ich bekannt, weil seine Frau mein

Buch „Ich steige hinab in die Barke der Sonne" sehr geliebt hat. Sie hatte sich damit auf den Tod vorbereitet und darin vor allem in den Bildern der altägyptischen Religion sehr viel Trost erfahren. Dieser Mann aber war über das Dahinscheiden seiner Frau völlig untröstlich. Mit keinerlei Erklärung, was Gott tut, hätte ich an seiner schweren Depression irgend etwas zu ändern vermocht. Aber ich konnte mit ihm durchgehen, was ihm denn seine Frau bedeutet hat, wieso sie in seinem Lebensgefüge, in seinem Sinnentwurf, eine solche Rolle gespielt hat, wieviel aus seiner Kindheit, aus der Erfahrung mit seiner Mutter sich in seiner Ehe wieder zu Wort gemeldet hat; und ich hoffe, wir können vielleicht, wenn alles gut geht, eines Tages aus dem Leiden über den Tod einen Prozeß lebendiger Reifung machen. Gesetzt, dieser Mann fände sich eines Tages wieder in einer Festigkeit seiner Person, so daß ihm aus all den Erinnerungen an seine Frau der Mut wird, womöglich noch einmal Glück in der Liebe zu einem anderen Menschen zu suchen und der Zukunft Vertrauen zu schenken, so könnte Gott vor seinen Augen ein zweites Mal auftauchen, nur diesmal noch anders, größer als je. Ich weiß nicht, ob unser Gespräch dahin führt. In der religiösen Sprache aber sage ich: „Ich hoffe, daß Gott ihn bei der Hand nimmt." Jedenfalls bin ich bereit, ihn bis dahin zu begleiten, und ich hoffe ersichtlich für ihn sehr viel mehr, als er selber zur Zeit für sich hofft.

So denke ich insgesamt, daß wir auf den Tod im letzten keine andere Antwort haben, als daß das Vertrauen nicht unberechtigt ist, wir würden uns wiedersehen. Ich habe freilich bei dem Mann erlebt, daß er mir das nicht glaubt, daß er es auch der Bibel nicht glaubt. Gewiß, all die Projektionen, die wir in Gott hineinlegen, sind psychologisch so gut verstehbar, daß S. Freud sie samt und sonders als Illusionen bezeichnet hat. Auch ich würde rein psychologisch an keinen Trost angesichts der Gräber glauben, hätte ich nicht das Beispiel des Mannes aus Nazareth vor Augen, der die Hoffnung auf Auferstehung in einer Weise gelebt hat, daß die erkennbare Menschlichkeit, die daraus erwächst, mich überzeugt. Jesus hat sich gesagt: „Es muß ein anderes Leben geben, schon damit wir den Mut gewinnen, diese Absurdität des Diesseits auszuhalten." Wer ernsthaft glaubt, er könnte die Synagoge ändern oder die Priesterschaft in Jerusalem oder den römischen Staat, der ist von vorneherein verloren. Und doch meinte Jesus, es komme darauf an, die Freiheit Gottes zu leben und seiner Universalität und Güte Raum zu geben. Ob es einen Gott gibt, der solcher Zuversicht entspricht, darüber kann man diskutieren; aber der Mann aus Nazareth zeigt, daß dieser Glaube an Gott so viel an Menschlichkeit bewirkt, daß ich ihm Gott glaube. Nur: Die Voraussetzung dafür ist ein anderer Ausgangspunkt: nicht die Natur, nicht die Menschengeschichte – beides ist erst auszuhalten von diesem anderen perspektivischen Zentrum her, das uns in der Person des Nazareners geschenkt wurde. Daß Jesus wie von einem fremden Stern in unsere Welt kam, das begründet meinen Glauben, und das hilft mir, diese Welt nochmal vom anderen Ende her anzupacken.

An die Stelle eines falschen Welt- und Geschichtsbildes im Rahmen des tradierten anthropozentrischen Denkens tritt, streng betrachtet, somit eine religiöse

Theozentrik, die in meinen Augen eine wirklich befreiende und erlösende Kraft hat. Da wird eine neue Dimension sichtbar, die das Gefängnis des irdischen Daseins in einen Ort der Zuflucht und Geborgenheit verwandelt. Das hebt die faktischen Absurditäten nicht auf, aber es schenkt die Kraft, sie zu bekämpfen und ihnen standzuhalten.

Albus:
Was ist das für ein Theos, ein Gott, der im Zentrum steht?

Drewermann:
Er ist die Verlängerung der Erwartung, mit der jedes Kind zur Welt kommt, daß es Arme gibt, die es auffangen! An dieser Erwartung liegt es ja, daß ein Kind zunächst seinen Vater, seine Mutter für eine Art Gott erklärt, für Wesen jedenfalls, die morgens die Sonne aufgehen lassen, die alle Nahrung bereitstellen und die die ganze Welt warm genug halten. Irgendwann wird jedes Kind geneigt sein, andere Menschen mit solch großartigen Fähigkeiten zu umkleiden – seinen Lehrer vielleicht, später seine Geliebte … Irgendwann aber lernen wir, daß unsere Erwartungen viel zu groß sind, als daß Menschen sie tragen könnten. Unsere Hoffnungen hören deshalb aber nicht auf, wahr zu sein, nur daß wir sie nach und nach von aller Welt, von allen Menschen wegnehmen und in sich selber absolut setzen. Ich glaube, in dieser Verlagerung reift der Vorgang, den wir Glauben nennen: Am Ende verdient nur noch ein einziger Bezug absolut ernst genommen zu werden, aber dieses Absolute ist unsichtbar und ungreifbar. Nur diese allmähliche Verlage-

rung bewahrt uns davor, uns absolut zum Relativen zu verhalten; sie erlaubt es uns, frei zu werden von den Zwangsbindungen der Macht des Geldes, der vordergründigen Interessen, der Furcht vor dem Tod, der Kujonierbarkeit durch die Regierenden, der Duckmäuserei im Verwaltungsapparat, der Sinnlosigkeit in der Beschäftigung mit hunderterlei Formen von scheinwichtigem Gerümpel. Plötzlich ist es möglich, sich zu konzentrieren.

Deswegen ist eine andere Welt die Voraussetzung, diese Welt auszuhalten. Mir scheint, die ganze Botschaft Jesu bestand in dieser Evidenz. Dafür, daß es eine solche andere Welt gibt, besitzen wir freilich nicht den geringsten Beweis. Sähe ich nur die Natur, sähe ich nur die menschliche Geschichte, so fände ich gewiß keinen Grund, an irgendeinen Gott zu glauben. Aber sehe ich, was die Menschen fühlen, was sie erwarten, wonach sie sich sehnen, welche Hoffnungen sie haben, und sehe ich dann zusätzlich das Beispiel des Mannes aus Nazareth, dann glaube ich ihm im Namen der Menschen, mit denen ich gemeinsam leide, hoffe, frage und suche – Gott!

Dabei sei noch hinzugefügt: Wenn wir Gott „Vater" oder „Mutter" nennen, so reden wir damit erkennbar die Sprache denkender Säugetiere. Paradox gesagt: Wäre es vorstellbar, daß intelligente Wesen geboren würden nach der Art von Schildkröten, dann würden wir vermutlich die Wärme des Sandes und das offene Meer als Gott bezeichnen, und wir würden die Möwen für Teufel halten, weil sie die hundert Meter zwischen Sandgelege und Brandungszone dazu benützen, um an die Nahrung von hunderten kleiner Schildkröten heranzukommen. Wir projizieren in aller religiösen Rede ganz und gar irdische, evolutiv vorgegebene Erfahrungsdaten ins Unendliche. Aber nur in diesen Bildern, die wir aus dem Erbgedächtnis der Lebensgeschichte auf diesem Planeten in uns tragen, können wir warm genug, intensiv genug verbunden werden mit dieser anderen Welt, von der wir nichts weiter wissen, als daß sie eine große Leinwand ist, um unsere Bilder aufzunehmen.

Ich sage es einmal in einem Vergleich: Man hat sich vor Jahren bei Experimenten mit Mönchsgrasmükken, deren Flugverhalten man erklären wollte, darüber gewundert, daß diese Tiere imstande waren, sich nach dem Sternenhimmel zu orientieren, obwohl sie ihn nie gesehen hatten und auch von ihren Artgenossen darüber nicht belehrt worden waren. Man hatte sie, aus dem Ei geschlüpft, sogleich von allen anderen Tieren getrennt. Die Verhaltensforscher aber kamen im Zeiss-Planetarium zu der Auffassung, daß diese kleinen Tiere die Bilder der Sterne kennen müssen, noch ehe sie sie gesehen haben! Ein Skeptiker wird demgegenüber sagen, es gebe überhaupt keine Sternenbilder, es gebe nur über Millionen von Lichtjahren getrennte Wasserstoffreaktoren am Himmel, die vor dem Wirbeltierauge als bestimmte Konfiguration erschienen und im Verlauf von vielen Jahrtausenden in konstanter Position zueinander sich befänden. Das hindert die Mönchsgrasmücken indessen ganz und gar nicht, nach diesen Bildern, die sie aus dem Erbgedächtnis ihrer Art in sich tragen, den Weg über Meere, Wälder und Gebirgsketten zu finden, um dem Sommer zu folgen, in dem sie zu Hause sind. Platonisch gedacht, konnte Gott überhaupt nichts Besseres tun, als daß er uns Bilder der Sehnsucht in die Seele gab, die uns nach ihm suchen lassen. Und es scheint mir absolut legitim, ihn zu bezeichnen als Vater oder Mutter, wenn wir damit nicht in Freudschem Sinne dem Ödipuskomplex weiterfolgen und ewig kirchenabhängige kleine Kinder bleiben. Ganz im Gegenteil. Der Glaube an Gott als an den einzigen Vater sollte uns aufräumen lassen mit allen patriarchalischen Strukturen in Kirche und Gesellschaft.

Schorlemmer:

In Wittenberg an der Marienkriche, der Stadtkirche, am ältesten Teil dieser Kirche (um 1300), ist oben am Giebel angebracht, gut erhalten, aus Stein, wie man sagt, „die größte erhaltene Judensau". Ein Rabbi guckt der Sau in den After, indem er den Schwanz der Sau hochhebt, sucht Erkenntnis im Arsch. Und die kleinen Judenkinder kriegen ihre Lebenskraft aus den Zitzen der Sau, dem unreinen Tier. Darüber steht „Rabini Schem Ha Mphoras"; einer der vielen Versuche der Juden, den unaussprechbaren Namen Gottes zu umschreiben. Man hatte ihnen vorgeworfen, sie würden mit diesem Zauberwort Brunnen vergiften und christliche Kinder zum Sterben bringen. Eine völlig verquere Welt, denn die Juden sind schließlich unsere Vorfahren im Glauben. Was sie uns an großer Erkenntnis überliefert haben ist: Man kann nicht über Gott reden wie über alles andere – ja wir haben keinen Namen, keine Verfügungsmacht. Und: „Wovon man nicht reden kann, davon soll man schweigen", sagt Ludwig Wittgenstein später. Die Juden reden darüber und finden unglaublich viele Namen für das eigentlich Unsagbare. Dieser Gottesname nun wird von anderen verdächtigt als Zauberwort: „Die haben ein geheimes Wort, sie sagen's nicht, sie zaubern damit." Eine Darstellung wird angebracht als Judensau gegen sie, von den Christen, die eigentlich ihre Erben sein wollen. Die Vorwürfe dienten als Rechtfertigung sie zu vernichten. Den Juden wird vorgehalten, sie gewönnen die Erkenntnis nicht etwa aus dem Allerhöchsten, sondern aus dem Kot des unreinen Tieres.

Bevor ich auf die Gottesfrage antworte, muß ich sagen, daß das heiligste Wort zugleich das schmutzigste Wort ist. In unserer ganzen Menschheitsgeschichte ist das so gewesen und ist so geblieben.

Manche Wittenberger haben gar erst vierzig Jahre nach der Vertreibung der Juden aus Wittenberg in der sogenannten „Kristallnacht", in der Pogromnacht 1938, überhaupt bemerkt, daß da oben was Schändliches dran ist. In ihren Herzen war lange schon etwas Antisemitisches und ist es auch geblieben.

Wir haben 1988 ein Mahnmal eingebracht unter diesem Schandmal dort oben, darauf steht: „Gottes eigentlicher Name Schem Ha Mphoras, den die Juden vor den Christen für fast unsagbar heilig hielten, starb in sechs Millionen Juden unter einem Kreuzeszeichen." Als Christ muß ich mich, wenn ich heute von Gott rede, weiter davon reden will, der Ermordung von sechs Millionen Juden stellen mit der Frage: ‚Was rede ich noch?' So wie Hans Jonas, einer der Überlebenden: ‚Was rede ich noch?'

So, jetzt rede ich wieder: Mein Gottesglaube rührt auch von daher, daß 40 Jahre nach der Vertreibung unserer jüdischen Mitbürger der Vorsteher der jüdischen Gemeinde aus Halle, einer der wenigen Überlebenden, uns aus einem Gottesdienst mit dem Aaronitischen Segen entlassen hat, uns, die Christen. Ein Jude in der christlichen Kirche, nachdem er den Psalm 130 „Aus der Tiefe rufe ich zu dir, Herr" ausgelegt hatte. Für mich ist das, was in den Worten des Aaronitischen Segens ausgesprochen wird, und was ich als Pfarrer am Schluß des Gottesdienstes meist immer mit etwas Bangen zuspreche, Mitte meines Gottesglaubens: „Der Herr segne und behüte dich. Er lasse sein Angesicht leuchten über dir und sei dir gnädig. Er erhebe sein Angesicht über dich und gebe dir Frieden." Das einzige, was mich an diesem Segen stört, ist die Bezeichnung ‚der Herr'. So hat auch der jüdische Bruder nicht gesprochen; er hat nicht ‚der Herr' gesagt, sondern: ‚Der Erhabene' oder ‚Er'. Wir haben aus Gott ‚den Herrn' gemacht. Das ist Luther, das ist sicher auch noch Vater Luther, also Luthers Vater, der bei der Übersetzung „Herr" eine Rolle gespielt hat. In der Weise, in der die Psalmen den Gottesglauben entfalten, finde ich eigentlich mein ganzes Leben, meinen ganzen Glauben wieder, auch alle Mißbrauchbarkeit des Gottesnamens gegen „die Feinde". Ich habe für meine Tochter zur Konfirmation den Psalm 27 ausgelegt: „Der Herr ist mein Licht und mein Heil, vor wem soll ich mich fürchten? Der Herr ist meines Lebens Kraft, vor wem sollte mir grauen?" – Das trägt so viel Erfahrungs-Wahrheit mit, weil es so viele Gründe gibt, sich zu fürchten, daß es so viele Gründe gibt, vor dem Grauen zu vergehen. Und dann ein ‚Dennoch' sagen im Vertrauen! Die ganze Dramatik von Angst, Verlorenheit, Einsamkeit wird hier ausgedrückt und gerade nicht verschwiegen und in die Sprache des Gebets, der Erwartung, der Hoffnung, ja, des erwärmenden Erlebnisses übertragen. Wenn ich den Psalm 27 so lese, daß ich alle meine Tiefen und

Untiefen dabei präsent habe, dann weiß ich auch, was Glaube ist.

Ein weiterer Gesichtspunkt: Was ich meine, kann ich am besten klarmachen mit einer Skulptur, die in der Gertrudenkapelle in Güstrow steht. Eine Holzplastik von Ernst Barlach: Da sitzt Jesus als der Lehrende. Für mich ist das die schlüssigste Beschreibung Gottes, die ich je gesehen habe. Er sitzt da mit geöffneten Händen. Dieser Gott hat etwas Mütterliches. Dieser Gott lehrt, aber tut das nicht mit dem Zeigefinger, sondern mit geöffneten Händen, die auf den Knien liegen, und er schaut dabei ins Weite, aber doch nicht über den, der da vor ihm steht, hinweg. Also: ein liebender Lehrender, ein lehrender Liebender, der Liebe lehrt und nichts anderes lehrt als Liebe.

Der Lehrende ist übrigens nicht erhöht. Ich stehe unmittelbar vor der Nische. Auffällig ist jedenfalls ein Verzicht, der Verzicht auf den Zeigefinger, der sagt: „Das mußt du tun, da soll es langgehen". Dieser Gott macht sich ganz und gar offen. Das ist für mich immer wieder das Berührende an diesem Gottesglauben: Wenn man auf die Herren und die Herrschaftsposen verzichten kann, gewinnt er auch Macht über mich, eine Macht, die mich nicht einengt, sondern freisetzt und mich zu meinem Ichsein ermächtigt und mir gleichzeitig keine Frage verbietet, die mir das Leben aufdrängt. Man kann von Gott nur noch reden, wenn man von der Gebrochenheit alles dessen redet, was Menschen mit Gott schon angefangen haben, ihm angetan haben, also sowohl von seiner Gebrochenheit in der Welt als auch von meiner eigenen Gebrochenheit. Von Gott sagten Sie eben so schön, daß er etwas Väterliches und Mütterliches zugleich ist und hat.

Drewermann:

Ich danke Ihnen sehr dafür, daß Sie so von Gott sprechen, denn von dem unseligen Antijudaismus der christlichen Tradition, der ja schon im Neuen Testament seine Wurzeln hat, müssen wir abrücken. Alles, was wir von dem Gott der Bibel wissen, verdanken wir schließlich den Kindern Abrahams und dem Mann aus Nazareth, der uns erlaubt hat, in das Volk der Erwählung Aufnahme zu finden. In gewissem Sinn scheint mir das Christentum so etwas zu sein wie ein geöffnetes Judentum, das hinausgeht zu den Heiden.

Eben deshalb möchte ich die Bewegung, die Sie beschreiben, sogar noch ein Stück erweitern, weil auch im Namen des biblischen Gottes zu viel Unheil angerichtet worden ist. Im Namen dieses Gottes – wir deuteten das eingangs schon an – sind ganze Kulturen in Schutt und Asche gelegt worden, nur um auf dem Boden verbrannter Städte und Dörfer die Samen des Christentums zu säen. Der Gott der Bibel konnte im Alten Testament durch den Mund Samuels dem Saul befehlen, nicht einmal Frauen, Kinder und unschuldige Tiere überleben zu lassen, wenn es galt, im heiligen Krieg den Bann zu vollziehen. Und dieser Gott war für das Christentum nur allzuoft das Alibi, die Ausbeutung von Menschen anderen Glaubens, anderer Rassen, anderer Kulturen zu legitimieren. Die Schuld an den Juden liegt uns als Deutschen im 20. Jahrhundert natürlich am nächsten, ist am dringlichsten aufzuarbeiten.

Aber es gibt auch gewiß eine gemeinsame christlich-jüdische Schuld in der Intoleranz einer ganz bestimmten apodiktischen Haltung, die bei dem Konzept der Bilderlosigkeit Gottes immer wieder gegen den Menschen Front gemacht hat, indem sie den Anknüpfungspunkt für das, was Gott mit den Menschen meint, zu leicht aus den Augen verliert. So richtig es ist, daß alle Bilder nicht Gott sind, so notwendig brauchen die Menschen die Bilder, die in ihrer Seele leben. Es werden Schöpfung und Offenbarung nie zu einer Einheit kommen, außer daß wir uns die Erlaubnis nehmen, den Sehnsüchten, den Träumen, den Visionen unseres Herzens eine religiöse Legitimation zu verleihen. Natürlich kann ich aus der Kunstgeschichte eine Fülle von erschütternden Darstellungen aus dem Leben Jesu oder von Bildern Gottes aufgreifen, wie Sie das gerade getan haben – das war so gut, das lasse ich einfach stehen und ergänze es vielleicht nur durch ein anderes Symbol, das sich der indischen Religion verdankt.

In der Bucht von Bombay liegt die Insel Elefanta. Darauf steht ein Tempel, der als Monolith aus dem Stein gehauen wurde und in dessen Kern sich die Darstellung der hinduistischen Dreifaltigkeit, der Trimurti, befindet. Man sieht dort eine Gottheit, die in Meditationshaltung dasitzt und drei verschiedene Gesichter trägt: das Gesicht des Gottes, der die Welt erschafft, des Brahma; das Gesicht des Gottes, der die Welt erhält und in jeder Stufe ihrer Entwicklung neu inkarniert, des Gottes Vishnu; und das Gesicht des Gottes, der die Welt dereinst zurücknehmen wird in einem Weltenbrand, aus dem sie neu hervorgeht, des Gottes Shiva. Mir scheint, daß diese indische Vorstellung dem sehr nahe kommt, was das christliche Gottesbild, auf ganz anderem Wege, dogmatisch zu formulieren versuchte: Gott ist in Wirklichkeit ein Gefüge von Widersprüchen. Es genügt nicht, zu sagen: Gott ist Person. Man muß sich wirklich vorstellen, da wären drei ganz unterschiedliche Personen, und es entstünde das Absurdum, daß sie alle drei zusammengehören!

Wir haben vorhin davon gesprochen, wie schwer es ist, die Vorsehung Gottes noch zu verbinden mit dem heutigen Bild der Natur. Ich möchte das jetzt noch ein Stück ergänzen: Was wir feststellen, ist ja nicht Unordnung, nicht völlige Sinnlosigkeit; was wir miterleben, ist, daß die vom Christentum so verachtete Materie die Tendenz zur Selbstorganisation in sich trägt, daß sie aus vielen Stufen des Chaotischen sich selber ihre Strukturen gibt. Wir sind mit unserem zweckgerichteten Denken kaum imstande, die außerordentliche Weisheit dieser Schöpfungsvorgänge auch nur annähernd zu begreifen. Wenn wir uns einmal vorstellen, daß vor dreieinhalb Milliarden Jahren, bis wohin die ersten Anfänge des Lebens auf dem Planeten Erde datiert werden, jemand an der Ursuppe gesessen hätte, um der Evolution Ratschläge zu geben – ein Nobelpreisträger für Biochemie oder ein Gremium derselben –, um den weiteren Gang der Dinge zu verbessern und zu beschleunigen, so läßt sich leicht absehen, daß wir selbst als Menschen zum Beispiel dann ganz sicher nicht daraus hervorgegangen wären. Ja, wahrscheinlich wäre über unser Dreinreden und Planen überhaupt nichts daraus hervorgegangen. Aber die Summierung von unglaublich vielen Zufällen, von allen möglichen Arrangements, die an sich ganz unwahrscheinlich waren, aber doch irgendwann in den riesigen Zeiträumen der Evolution dann noch eingetreten sind, ergibt dieses phantastische Schauspiel des Lebens, dem wir beiwohnen.

Schorlemmer:

Das deckt sich mit der Vorstellung der Leibnizschen Urmonade, für die ja sehr viel spricht, so daß am Anfang schon das Ende angelegt war, daß im Anfang schon alles steckt. Sie meinen, daß alles Ergebnis eines unglaublichen Zufalls sei. Ich denke, es ist das Ergebnis einer wunderbaren Zielgerichtetheit, die dennoch mit vielen Zufällen begleitet ist. Aber jedenfalls lag im Anfang schon das Ziel.

Drewermann:

Nein, gerade von dieser Vorstellung der Leibnizschen Theodizee kommen wir, glaube ich, sehr ab – mit ‚wir' meine ich jetzt den Querschnitt des Standardmodells der Naturbeschreibung heute. Wir gehen aus von vier grundlegenden Naturkräften: der starken Kernkraft, der schwachen Kernkraft, dem Elektromagnetismus und der Gravitation. Dann aber brauchen wir an jeder Stelle der Beschreibung des Wegs, den die Entwicklung des Kosmos genommen hat, eine Fülle von Zusatzinformationen. Wir können selbst in Kenntnis aller Gesetze der Natur, selbst wenn wir eine große vereinigende Theorie besäßen, die es uns erlaubte, Quantenmechanik und Gravitation zusammen zu denken, den Werdegang der Natur keinesfalls vorher beschreiben. Eines ist richtig: Wir stoßen bei der Beschreibung des Anfangs des Universums auf merkwürdig genaue Bedingungen, die eingehalten werden mußten, damit überhaupt etwas entstand. Beispielsweise war es nötig, daß die Gravitation exakt den Wert annahm, der dazu führte, daß nicht sehr bald nach dem Urknall alles wieder kollabierte, oder daß dieser Wert nicht so gering war, daß alles expandierte, ohne bestimmte Strukturen, in den Galaxien etwa, zu bilden. All das hat manche Forscher dazu verleitet, ein anthropisches Prinzip einzuführen, entsprechend wie Sie es jetzt entwickeln – daß eigentlich der Mensch immer schon geplant war. Es gibt derzeit nicht gerade viele Naturwissenschaftler, die das in dieser Weise noch glauben; sondern wir sehen, daß wir Stufe für Stufe mit einer Fülle von Zufallsbedingungen und also von zusätzlichen Informationen rechnen müssen, um zu begreifen, was sich faktisch abgespielt hat und wie wir neue Gesetzmäßigkeiten finden können, die Stufe für Stufe die Weiterentwicklung der Welt bis hin zu Leben, Bewußtsein und Selbstbewußtsein beschreiben.

Mit anderen Worten: Nicht einmal auf dieser Erde könnte vom Zeitpunkt vor 4,5 Milliarden Jahren, als unser Planetensystem entstand, der Gang der Evolution in gerade der Weise noch einmal verlaufen, wie er faktisch zu uns geführt hat. Gewiß: irgendwo im Weltraum wird unter vergleichbaren Bedingungen wieder etwas Vergleichbares entstehen; aber das alles ist radikal zufällig. Damit müssen wir leben, denke ich. Nichts, was sich göttliche Vorsehung in der Art nennt, wie es der Laplacesche Dämon im Newton'schen Weltbild vorhersah, läßt sich mit der Auffassung von Natur, die wir heute uns zu eigen machen, vereinbaren. Wir müssen also sogar annehmen, daß nicht einmal Gott weiß, was aus seiner Schöpfung wird. Da entsteht vor unseren Augen ein Bild, dem, ob ich will oder nicht, sich langsam Gefühle der Sympathie abgewinnen lassen, weil es die Probleme des Reinhold Schneider endlich zu lösen vermag. Es ist die Vorstellung von einem Gott, der zwischen Zufall und Notwendigkeit *spielt,* indem die Bedingungen, unter denen das Universum sich vollzieht, *offen* sind. Sehr anthropomorph gedacht, muß dieser Gott selber darauf *neugierig* sein, was aus seiner Schöpfung wird, so wie er, wie ich vermute, sehr neugierig darauf sein wird, was nun eigentlich bei der menschlichen Geschichte herauskommt. Er weiß es nicht! Das ist gegenüber der biblischen Apokalyptik oder Eschatologie entscheidend. Gott ist, wenn man so will, der Inhaber einer Spielbank, in der durchaus nicht vorgesehen ist, daß jeder, der da mitspielt, einen Gewinn einheimst, nur daß die Bank nicht bankrott geht, das scheint ganz sicher. – Es gibt übrigens in der christlichen Ikonographie ein Bild, das auf fast fatale Weise dieser Vision ähnlich sieht. Die Christen haben sich jahrhundertelang gegen den Ausspruch des griechischen Philosophen Heraklit gesträubt, der sagte: „Zeus spielt" – „die Welt – ein Knabenregiment". Die Christen sahen in diesen Worten den Inbegriff des Atheistischen. Tatsächlich aber haben sie Bilder der Mutter Gottes erfunden, auf deren Schoß das Jesuskind spielt mit der Weltenkugel. Ein solches Bild ist eigentlich noch viel abenteuerlicher als der Gedanke des Heraklit. Die ganze Welt liegt da in der Hand eines Kindes wie ein Spielball. An sich ist diese Vorstellung womöglich erschreckend, wenn man denkt, wieviel Unvernunft da impliziert ist, und doch scheint mir diese Darstellung eine ganz gute Annäherung an die Wirklichkeit zu bieten.

Wir sollten uns demnach vorstellen, daß Gott gar nicht die Absicht gehabt hat, eine nach menschlicher Vorstellung zwischen A und B sich vermittelnde lineare Ordnung herzustellen. Um den Sachverhalt anders auszudrücken: Unsere Denkapparatur funktioniert so ähnlich wie ein Affe, der von einem Ast zum anderen springt. Wir können uns vernetzte Systeme überhaupt nicht vorstellen. Wir brauchen bereits einen Computer, um komplexe Strukturen zu erfassen. Aber erst diese Art der Logik führt uns ein Stück heran, zum Beispiel an die vielschichtigen ökologischen Prozesse, die wir beachten müssen, wenn wir nicht durch ein zu kurzes lineares Denken zerstörend wirken wollen. Erst eine solche Logik vernetzter Strukturen liefert eine Beschreibung der Naturgesetze, die ein bißchen Anspruch darauf erheben kann, der Wirklichkeit zu entsprechen.

Wenn das aber so ist, müssen wir es geradezu rühmen, daß Gott das nicht tut, was wir menschlicherseits als Theologen seit eh und je von ihm erwartet haben: daß er sich richtet nach unserer Vorstellung von zweckgerichteter Logik, entsprechend dem, was wir unter „sinnvoll" verstehen. Gott hat offensichtlich eine Welt geschaffen, die ungeheuer viel komplexer ist. Und deshalb ist das erste Bild von Gott als Brahma mir wohl vertraut, und ich möchte mit dem Neuen Testament sagen, dieser Gott als Schöpfer wohne „in einem undurchdringlichen Licht". Er überstrahlt jedenfalls alles, was wir sind, bei weitem. Bildhaft könnte man auch sagen: Unterhalb der Blauzone des sichtbaren Lichts beginnt die energiereiche Strahlung vom Ultraviolettbereich an bis hin zur Röntgenstrahlung; auch die Röntgenstrahlung besteht aus elektromagnetischen Schwingungen, aber sie tritt in einem Energiebereich auf, der sich unseren Augen entzieht, dafür aber unseren Körper vollkommen durchdringt und ihm fast lebensgefährlich ist; – so ähnlich ist diese Gottheit, die wir den Schöpfer nennen. In der Bucht von Bombay dachten die Inder, der Gott Brahma sei ein solch undurchdringliches, alles durchdringendes Geheimnis. Sie konnten jahrtausendelang darüber streiten, ob dieser Gott der Schöpfung eine Person sei oder nicht. Sie hielten es für eine fortgeschrittene Stufe der Welt- und Wirklichkeitsinterpretation zu sagen, Brahma sei die Schöpfung selber, er sei identisch mit der Schöpfung, er sei eins mit ihr. Es war ihnen aber auch möglich zu sagen, dieser Gott sei eine eigene Person, unabhängig von der Welt, und wir müßten ihn uns vorstellen wie eine Art Handwerker, der sie erschafft. Welche dieser beiden Modelle die Wirklichkeit trifft, wurde in Indien eigentlich offengelassen.

Ich möchte das im Grunde auch tun. Ich weiß an dieser Stelle der Theodizeefrage nicht, wer Gott ist, wenn ich die Natur betrachte.

Und ich sehe, daß die besten Naturwissenschaftler es auch nicht wissen. Sie kommen vor allem nicht zurecht mit dem, was wir Theologen ihnen aus der Bibel klarmachen wollen. Ein Mann wie Steven Weinberg hat vor einer Weile in dem Buch „Die Suche nach dem Einen" (ein vom Titel her im Grunde schon religiöses Thema!) einmal ein Bonmot gebraucht. Gesetzt, sagte er, es würde ein Meteor auf die Erde zurasen und sein Einschlagswinkel wäre berechnet auf die Katastrophe, im letzten Moment aber würde eine Bahnabweichung uns vor dem Desaster bewahren, dann würden alle Theologen gewiß auf den Knien liegen und Gott für das Wunder danken; wir Physiker aber würden uns auf den Hintern setzen und nachforschen, wodurch die Bahnabweichung zustande kam;

und ehe wir das nicht verstünden, würden wir nicht Ruhe geben.

Der Gott, der in seiner Schöpfung redet, tut das einzig durch seine Gesetze – das glauben wir. Was wir nicht mehr glauben, ist, daß Newton und Laplace recht hatten, wenn sie meinten, im Falle, daß wir den Anfangszustand aller atomaren Teilchen und ihrer Energiezustände wüßten, könnten wir gewissermaßen bis zum Ende der Welt alles weitere vorhersehen. Ein solches Wissen ist vollkommen unmöglich. Wir wissen vielmehr, daß wir nicht einmal mit den besten Computern, und zwar definitiv nicht, auch nur die Wetterbedingungen für die nächsten drei Tage im voraus wissen können. Ich staune übrigens unter diesen Umständen, daß es Politiker gibt, die denken, sie könnten mit ihren Endlagern für Atommüll in Gorleben die nächsten vierundzwanzigtausend Jahre Geschichte verantworten oder auch nur die nächsten vier Jahre bis zur nächsten Wahl, und daß es Theologen gibt, die bis zum Ende der Welt sehen zu können glauben. Das alles entgeht mir. Ich bin zufrieden damit, naturphilosophisch zu denken: Alles kommt, wie es muß. Diese Natur kennt weder Lohn noch Strafe, aber sie kennt Konsequenzen, und mit denen sollten wir leben. Da ist eine ungeheuer große staunenswerte Macht am Werke, für die es an sich schon außerhalb unseres Sprachbereichs liegt, ob wir sie Person nennen oder nicht. Das einzig Mögliche ist eine zutiefst mystische Interpretation, wie Meister Eckhart sie vorschlug: „Du kannst Gott nicht haben", sagte er, „du mußt Gott lassen!" Ein solches Wort geht scheinbar bis an die Grenze des Atheismus, doch es ist zutiefst weise und fromm.

Auf der anderen Seite scheint mir das indische Bild des Gottes, der sich der Welt zuwendet, unter christlichen Voraussetzungen in der Person Jesu gegenwärtig. Er hat uns wesentlich gelehrt, menschliche Erfahrungen so ernst zu nehmen, daß wir sie dem Weltengrund selber zutrauen möchten. Eine solche Hoffnung macht Sinn. Um noch einmal auf den Stand der Diskussion von vorhin anzuspielen: Die Natur begründet nicht wirklich, daß es uns gibt; aber wenn auch nur ein einziger Mensch an unserer Seite uns wirklich lieb hat, so verstehen wir, daß es uns geben sollte. Es muß uns nicht geben, aber es ist auch nicht völlig beliebig und überflüssig, daß es uns gibt. Dieser eine freilich, der uns liebt, wird sogar sagen: Es muß dich geben für mich. Und umgekehrt: Lieben wir einen anderen Menschen, so tauchen wir eigentlich immer tiefer hinab, bis zu dem Punkt, von dem alles kommt. Wenn es diesen einen Menschen gibt, dann muß es auch die Steine geben und die Bäume geben und die Sterne geben – alles, was zu dieser Welt gehört. Von uns Menschen her kommen wir dazu, den Punkt, der allem zugrunde liegt, mit menschlichen Kategorien zu bezeichnen, ihn die Liebe selbst zu nennen, oder als den Vater beziehungsweise die Mutter zu bezeichnen.

Das alles spielt im Bereich des Menschlichen und setzt menschliche Erfahrung absolut, indem wir sie dem Weltengrund zutrauen.

Wichtig ist jetzt, daß beide Bilder einander vollkommen widersprechen. In der einen Welt herrscht eine Logik, die wir bestenfalls mathematisch nachformulieren können, in der Gefühle nicht zählen, in der Klagen unerhört verhallen, in der Schmerz einkalkuliert wird in der Dynamik der Evolution und ohne die geringste Rücksicht im Kampf ums Dasein instrumentalisiert wird; da existiert eine Ordnung, innerhalb deren mit der Sexualität der Tod, mit dem Nervenzentrum die Qual und mit der Bewußtwerdung die Angst ins Leben tritt, und zwar ohne jedes Bedauern. Auf der anderen Seite lehrt uns die Erfahrung der Menschlichkeit, der Liebe, einen anderen Gott, ein anderes Absolutes, wie es Jesus uns nahebringen wollte oder wie die Inder es geglaubt haben in der Person des Gottes Vishnu, der in mindestens acht verschiedenen Stufen seiner Selbstmitteilung, in acht Avataras, erscheint. Dieses Gottesbild hilft uns, daß wir gegen die Angst die Zusammengehörigkeit der Liebe setzen können, gegen den Schmerz den Trost, nicht allein zu sein, und gegen den Tod die Hoffnung, daß die Grenzen dieses Lebens unser Dasein nicht abschließen, sondern daß die Hoffnung erlaubt ist, einander wiederzusehen, indem die Liebe stärker sei als der Tod.

Zwischen diesen beiden Welten, zwischen diesen beiden Betrachtungsweisen, zwischen Brahma und Vishnu, zwischen dem Gott der Schöpfung und dem Gott der Erlösung, gibt es logisch eigentlich keine Brücke. Dennoch müssen beide Vorstellungen zusammengehören, so wie Natur und Mensch zusammengehören. Wenn wir vorhin von der ökologischen Frage ausgingen, so ist ja klar, daß wir die Verhältnisbestimmung von Mensch und Natur selber noch einmal von Grund auf religiös fassen müssen.

Deshalb ist nun die dritte Seite des Gottesbildes so wesentlich, die in der indischen Trimurti als Shiva beschrieben wird, während sie in der christlichen Vorstellung als Geist bezeichnet wird. Da soll der Widerspruch von Schöpfung und Erlösung, Sein und Bewußtsein, Natur und Kultur vermittelt werden durch etwas Schwebendes, durch eine Dynamik, die einen Zusammenhang vermittelt, ohne daß man ihn begrifflich festlegen kann.

Für mich ist diese Vorstellung der Trimurti oder der Dreifaltigkeit die beste Antwort, um etwas zu sagen, das man im Grunde gar nicht sagen kann, ohne sich in Ungereimtheiten zu verwickeln. Vermutlich hat Hegel recht, wenn er meinte, die Stärke des Geistes zeige sich darin, Widersprüche auszuhalten und sie als zusammengehörig zu erkennen. Wir Menschen sind aus der Natur hervorgegangen, aber wir können das, was wir sind, nie mehr von der Natur allein her verstehen. Gleichwohl müssen wir lernen, uns an der Natur zu begrenzen. Folglich ist es nötig, von etwas Drittem zu sprechen *zwischen* Mensch und Natur, zwischen Gott als dem Schöpfer und Gott als dem Erlöser, und dieses Dritte müssen wir offenbar als eine Art Beauftragung und kreative Dynamik verstehen.

Wunderbar ist da das Bild, das Jesus im dritten Kapitel des Johannesevangeliums einmal gebraucht: Gott sei wie der Wind, dessen Rauschen wir hören, ohne zu wissen, wohin er geht und woher er kommt. In diesem Bild ist Gott etwas ganz und gar Innerliches.

Und alle drei kommen jetzt zusammen: Wir schauen zu den Sternen, wir schauen auf die Menschen an unserer Seite, und wir schauen in unser eigenes Herz. Das sind drei Erfahrungsräume: der Gott der Schöpfung, der Gott der erlösenden, heilenden Menschlichkeit und der Gott der inneren Selbstgewißheit.

Es hat, was das Bild des Geistes angeht, Robert Bresson, ein französischer Filmregisseur, einmal diesen Ausspruch aus dem Johannesevangelium im Gespräch Jesu mit Nikodemus zu einem Filmessay erhoben: „Ein zum Tode Verurteilter ist entronnen." Bresson schildert in seinem Film jemanden, der in der Nazigefangenschaft den Löffel, den man ihm gibt, an den Wänden seines Kerkers so lange scharf schleift, bis sich damit die Späne aus der Zellentür herausschneiden lassen. Es ist das Losungswort dieses Mannes am Waschtrog zu seinen Kameraden: „Du hörst den Wind, aber du weißt nicht, woher er kommt, noch, wohin er geht."

Daß Menschen frei sind – nicht zu zwingen, nicht einzusperren –, das läßt mich nochmal auf unseren Ausgangspunkt zurückblicken. So unmenschlich ist ja die Natur gar nicht, wenn sie sich selber organisiert, wenn sie offen ist in ihren Vollzügen! Es wäre doch möglich, daß Gott als Geist zu glauben auch bedeutet, das Vertrauen mitzubringen, das menschliche Leben sei so: Wenn man die Menschen nur erstmal lassen würde, würden sie womöglich auch in ihrem eigenen Leben die Ordnung finden, die in ihnen angelegt ist. Sie würden miteinander so zusammenfinden, daß es neue Strukturen bildet. Wenn wir uns eingangs so oft darüber beklagt haben, wie die Institution Kirche der Religion im Wege steht, so liegt das ja immer wieder daran, daß man denkt, man müsse Gott von oben nach unten verkündigen, indem man den Menschen etwas aufzwingt, das sie von sich her nicht wissen könnten. Tatsächlich aber zeigen uns heute die Naturwissenschaften, was auch für den sozialen und politischen Bereich, ganz gewiß aber für den kirchlichen gelten sollte: daß Menschen zueinander finden, wenn man sie nur läßt! Es ist offenbar der erste Verrat an der Wahrheit, daß man dauernd denkt, man müsse sie organisieren. Geist jedenfalls besteht darin, daß sich etwas selbst gestaltet und formt.

Darum sind diese drei Aspekte an Gott mir so wesentlich. Ich weiß, daß das, was ich da sage, im strengen Sinn des Kirchendogmas „Sabellianismus" genannt wird. Aber ich denke, es ist eine gute Beschreibung, wie man eine wichtige religiöse Botschaft – die Lehre von der „Dreifaltigkeit" – zur Lösung einer Reihe sonst unlösbarer Fragen übersetzen kann.

Schorlemmer:

Habe ich Sie richtig verstanden, wenn Sie hiermit durchaus an den Versuch Luthers anknüpfen, Theologie zu betreiben mittels eines unvermittelten *Und*, indem er nicht mehr die Widersprüche auflöst, sondern das, was widersprüchlich scheint, nebeneinander stellt und aufeinander bezogen sein läßt? Die berühmteste Formulierung ist sein ‚simul iustus et peccator', ganz Sünder und Verlorener und ganz Gerechtfertigter, Aufgehobener und Befreiter. Oder Recht und Gnade: Es gilt nicht nur der Spruch des harten Rechts, es gilt auch die Gnade. Es gilt Freiheit, und wir brauchen Ordnung, Wahrheit und Liebe. Es gibt eine Wahrheit, die ist zerstörerisch und macht kaputt. Gleichzeitig gilt die Liebe, die Wahrheit nicht aufhebt, sondern erratisch danebensteht, so wie Gott und Mensch erratisch nebeneinanderstehen und doch aufeinander bezogen sind. Für mich war die Erkenntnis wichtig, daß ich aufhören konnte, in theologischen Systemen im Sinne von Gebäuden zu reden, weil sie sowieso zusammenstürzen. Nur die Vorstellung von der ‚coincidentia oppositorum', vom Zusammenfließen von Widersprüchen, wird dem Leben gerecht. Alles andere ist theologische Roßtäuscherei auf niederem oder höherem Niveau.

Drewermann:

Entscheidend ist bei diesem Gedanken des Nikolaus von Cues, daß man auf Gott hinschaut, statt sich an die Seite Gottes zu setzen und aus seiner Perspektive die Welt zu betrachten – das ist entscheidend.

Schorlemmer:

Genau! Nur der Verzicht auf letzte Klarheit schafft uns Klarheit. Gerade der Verzicht darauf, alles erklären zu wollen, schafft Erklärung; nein, schafft nicht Erklärung, sondern Klarheit.

Mir war beim Nachdenken über Gott, nachdem der Bericht des Club of Rome 1972 rauskam, wichtig geworden zu fragen: Gibt es jemand, der diese Welt wollte und auch ein Interesse daran hat, daß sie bleibt, und kann er uns dabei noch brauchen, diese Welt zu erhalten?

Drewermann:

Der Gedanke, wie Menschen sich selber inmitten der Schöpfung begrenzen, damit geistvolles Leben möglich ist, führt ja für den christlichen Anthropozentrismus neuerlich zu einer aberwitzig scheinenden, doch absolut ernsten Konsequenz. Wir stehen heute vor der Frage, ob das, was Natur heißt, überhaupt noch eine Lebenschance an der Seite des Menschen besitzen soll oder ob im Grunde Natur nur noch aus Menschenhand hervorgehen soll? Ich sehe vor mir Großstädte mit 25 Millionen und mehr Leuten, wie Mexiko City oder wie Kairo, da drinnen ein paar Stadtparks mit englischem Rasen, einige Teiche mit Krickenten und Schwänen, und der ganze Rest „Natur" untergebracht im städtischen Zoo. Schon heute gibt es in Deutschland „Natur" zwischen den Hochalpen und dem Wattenmeer so gut wie gar nicht mehr – und selbst diese Reste sind wir dabei zu zerstören. Allein die Option, daß weniger Menschen geboren werden sollten, damit Schimpansen und Meerkatzen eine Überlebenschance neben uns behielten, ist ja für die Theologen, mit denen wir es zu tun haben, in aller Regel Blasphemie.

Schorlemmer:

Also, verzeihen Sie, für die katholischen Theologen! Das muß ich an dieser Stelle doch sagen!

Drewermann:

D'accord! Was wir in Kairo 1994 auf der Weltbevölkerungskonferenz der UNO erleben mußten, wie da der Vatikanstaat, gemeinsam mit persischen Ayatollahs und lateinamerikanischen Fundamentalisten, für die nächsten zehn Jahre eines der wichtigsten Programme der Geburtenkontrolle auf Eis legen konnte, das führt nicht nur zu dem, was ich mich nicht scheue, eine fahrlässige Tötung an Millionen Menschen zu nennen, es führt auch zu dem Ruin dessen, was heute noch Natur heißt. In der letzten Phase, die wir gerade noch hätten, um den Zerstörungsvorgang wenigstens abzubremsen, ehe wir weit über jedes Ziel hinaus gedrückt werden, sehen wir uns verurteilt, den Folgen des biblischen Anthropozentrismus und des päpstlichen Dogmatismus bis zum Endsieg beizuwohnen. Deshalb noch einmal: Wenn wir über Gott sprechen, dürfen wir nicht nur über den Menschengott reden, sondern wir müssen zugleich über den Gott der Schöpfung reden, den wir zwar nicht verstehen, wie er an sich selber ist, den wir im Christentum aber allzu menschlich uns vorgestellt haben. Beide „Götter" müssen wir im Zusammenhang denken: den Gott der Schöpfung wie den Gott der Erlösung; – da hätte die Trinitätslehre der Kirche eine enorme Aktualität und Sprengkraft.

Albus:

Herr Drewermann, gibt es für Sie eine Gotteserfahrung, ganz konkret in Ihrem Leben, die Sie nachhaltig geprägt und bestimmt hat? Können Sie davon berichten?

Drewermann:

Ich entsinne mich einer Erfahrung, die mir gewissermaßen als privater Mythos zur Selbsterkenntnis geworden ist. Für mich hat Religion im menschlichen Bereich wesentlich die Aufgabe, auf Angst zu antworten beziehungsweise Situationen von barbarischer Sinnlosigkeit auszugleichen. Anders ist Religion mir nie wesentlich gewesen. Ich habe nie religiöse Bücher gelesen, um eine Prüfung darüber abzulegen oder als Theologe damit zu reüssieren. Ich wollte die Fragen der menschlichen Verzweiflung, der Sinnlosigkeit, der Angst beruhigen.

Es gibt eine Situation, die danach war, nein, zwei Situationen. 1944 im Luftschutzbunker von Bergkamen kam es oft vor, daß ich als Kind den Leuten etwas vorsingen sollte. Sie haben mich alle möglichen Lieder gelehrt, und ich war für sie sozusagen ihr kindlicher Trost; dafür bekam ich auch mal ein Bonbon oder ein Stühlchen ... Irgendwann aber wurde ein Angriff geflogen, bei dem die Bomben ganz in der Nähe des Bunkers fielen; die Decke bebte, das Licht fiel aus, und jetzt: Dieselben Leute, bei denen ich eben noch auf dem Schoß gesessen hatte, konnten plötzlich kreischen vor Angst; Panik brach aus. Es war das erste Mal, daß ich das Vertrauen verloren hatte, man könne auf Menschen endgültig zählen. Eine Weile lang habe ich mir später die Vorstellung gebildet, daß Gott irgendwie im Kopfkissen wohne. Irgendwas brauchte ich, um mich daran festzuhalten; und wenn ich abends meine Gebete sagte, so glaubte ich, Gott werde es hören. Später dann habe ich gelernt, Gott wohne nicht im Kopfkissen, sondern im Tabernakel der katholischen Kirche. Wenn das Licht darüber spielte, dann sah das sehr schön aus, wie wenn Engel darüber hinwegflögen. Inzwischen habe ich gelernt, daß Gott auch da nicht wohnt. Heute denke ich, er wohne im Herzen eines Menschen, der mir nahe steht oder dessen Angst ich gemeinsam mit ihm zu überwinden suche. – Daneben aber gibt es noch ein anderes Beispiel: Ich war irgendwann mit meiner Mutter im Wald, um Brombeeren oder Bucheckern zu suchen, als zwei Tiefflieger fast in Höhe der Baumwipfel über uns hinwegflogen. Es war bekannt, daß Tiefflieger manchmal auch auf Zivilisten schossen, und es stand eigentlich zu erwarten, daß sie das auch jetzt tun würden. Ich werde nicht vergessen, wie meine Mutter sah, was da kam: Wir hätten eigentlich uns der Länge nach auf die Erde werfen oder hinter einen Baum springen müssen, um irgendwie Deckung zu suchen. Meine Mutter aber sagte ganz einfach zu mir: „Pflück weiter!" – Vielleicht hat eine solche Bemerkung mit Gott nicht direkt etwas zu tun, aber für mich erklärt es alles, was ich mit Gott verbinde. Es bedeutete für mich: „Entweder sitzen da oben Sadisten, dann ist es vielleicht gar nicht unbedingt nötig, in einer Welt, in der Menschen mit Menschen so umgehen, überleben zu wollen. Vielleicht sitzen da oben aber auch Menschen. Das müssen wir beide jetzt aber nicht wissen. Wir beide machen jetzt so weiter. Nur das steht bei uns." Diese Fähigkeit, so weiter zu machen und sich selbst durchzuhalten, ist für mich der Glaube an Gott geworden. Luther hat etwas Ähnliches formuliert, als er von dem Bäumchen sprach, das man jetzt noch pflanzen sollte, selbst wenn die Welt bald untergeht.

Im Kommentar zum Matthäus-Evangelium stand ich einmal vor der Frage, ob man das *Vater-unser* heute noch beten könne. Ich habe versucht, zu umschreiben, was auch nur das Wort „unser himmlischer Vater" uns sagen könnte. Vielleicht darf ich das Gebet, das dabei entstand, hier zitieren; es lautet:

Unser Vater, himmlischer Du –
Du Antwort auf die Fragen der Verzweifelten,
Du Trost der müde Gerufenen,
Du Licht der Seelenumdüsterten,
Du Halt der zu Boden Gesunkenen.
Du Brücke über dem Abgrund,
Du unsichtbare Hand,
die den Vogel im Nest birgt,

den Fisch auf dem Grund,
den Hamster in der Höhle.

Du Kraft der Schöpfung,
die sich regt in allem
und die sich birgt in allem.
Du übergroße, unauslotbare,
Du rätselvolle, schreckliche Wirklichkeit
hinter der widersprüchlichen Fülle
der Erscheinungen
– Dich nennen wir Vater
in unserer Einsamkeit,
auf Dich Vertrauen wir in unserer Ausgesetztheit.

Du machst diese flüchtige Welt
zu unserer Heimat.
Du schenkst uns Kindern des Exils
eine Stätte der Zuflucht.
Zu Dir blicken wir auf,
denn in Dir gewinnen wir
Richtung und Weite.

So überlegen bist Du
und unerreichbar,
so hoch über allem,
was uns umgibt
– ja, himmlischer Du,
so nah wie der Atemwind
und so fern wie die Sterne,
nie Greifbarer und doch stets Gegenwärtiger.

Du Träger aller Namen und Begriffe,
Du Einheit aller Worte und Gedanken,

Du schweigend Redender,
himmlischer Vater Du,
mach uns zu Deinen Kindern.

Denn nur ein Teil
sind wir in Deinem All,
verflochten unauflöslich
einer mit dem andern.

Laß uns eins sein.
Du unser Vater,
Mach,
der Du in den Himmeln bist,
die kleine Erde zu der Wohnstatt Deiner Kinder.

Schorlemmer:

1957, mit 13 Jahren, bin ich beim Taubenfangen vom Kirchturm gestürzt, 20 Meter. Ich lebe. Vor 20 Jahren, 1974, habe ich meine Kinder aus dem Kindergarten und von der Kinderfrau abgeholt. Ich bin mit ihnen am Flußufer entlanggefahren – unterhalb des Merseburger Doms fließt die Saale – an einem Steilufer entlang. Die Tochter schmiß immer gern Steinchen ins Wasser, und ich hatte Angst, daß sie da mal zu nah an das Steilufer rangehen könnte und reinfällt. Also bin ich aus Angst, aus meiner Angst um sie, hingegangen und habe sie festgehalten, damit sie nicht zu nah herangeht und abrutscht. Der eineinhalbjährige Sohn saß in einem Wägelchen, und ich war ein paar Schritte weiter weg, und er beugte sich so über den Rand des Wägelchens. (Wir hatten einen ganz alten von anderen übernommenen Sportkinderwagen, bei dem gingen die Bremsen nicht mehr richtig.) Plötzlich ist der Wagen diesen Steilhang runter in die Saale gerollt. Ich muß sagen: in jenen Sekunden, ja Zehntelsekunden spielte sich das ganze Leben ab. Die Tochter loslassen, die noch oben stand, nicht wissend, was da geschieht, nur hinterher – stürzen ... und ich kriegte den Wagen gerade noch gefaßt. Der war schon ganz unten. Ich stand im Schlamm. Oben standen fassungslos die Leute. Keiner hat irgendwie angefaßt, gerufen, sie standen völlig angewurzelt oben. Das Kissen schwamm auf der Saale weg. Ich zog meinen Sohn hoch, aus diesem dreckigen, giftigen Saalewasser, habe ihn hochbekommen, Blut und Schmutzwasser liefen ihm aus dem Mund, und bin dann, mit der Tochter auf der Schulter, bis zur Wohnung gerannt, ungefähr einen Kilometer. Kein Mensch schien mich zu beachten, keiner zu fragen: ‚Was ist denn hier los, können wir irgendwie helfen oder so?' – Meine Gotteserfahrung hängt überhaupt mit viel Bewahrungserfahrung zusammen. Ich bin so froh, daß ich mit einer solchen Schuld nicht leben mußte. Ich hätte es nicht überlebt, glaube ich. Wenn das Kind da versackt wäre und ich da draußen hätte stehenbleiben müssen. Das war für mich keine Gotteserfahrung in einem direkten Sinne, sondern eine von diesen ständigen Grundgefährdungen, in denen ich gefährdet bin oder Menschen, die mir lieb sind, gefährdet sind – es ist so viel Achtlosigkeit um mich herum. In diesem Moment, bis ich den Griff des Wagens gefaßt hatte, da ist mir Gott begegnet, in dieser Zehntelsekunde. Ich deute das für mich so. Es ist eine der vielen Bewahrungen gewesen, die ich erlebt habe, wobei ich gleichzeitig sagen muß: Es haben so viele Leute solche rettenden Zehntelsekunden nicht erleben dürfen. Da ist für mich wieder dieses Miteinander von gnädiger Bewahrung und das Wissen, daß viele diese gnädige Bewahrung nicht haben erfahren können und dürfen. – Immer, wenn ich meinen Sohn sehe, denke ich: Du bist das, der da auf eine wunderbare Weise vor deiner Sintflut, vor meiner Sintflut gerettet wurde.

Im Zusammenhang mit quälenden Fragen – welches Schicksal können wir denn dieser Welt bereiten, können wir die Verantwortung für die nächsten Generationen eigentlich übernehmen, und welche Rolle spielt da mein Gottesglaube und unser gemeinsamer Gottesglaube? – habe ich ein Bekenntnis formuliert, „Ein Bekenntnis zum Leben mitten in der Gefahr". Ich habe dabei einen Gedanken aufgegriffen, den ich von Dorothee Sölle habe: Von Gott reden heißt nicht im Akkusativ reden, sondern im Dativ. Also: nicht ‚ich glaube an Dich', oder ‚ich glaube, daß', sondern: ‚ich glaube Dir'. Mir war wichtig, nachdem ich das formuliert hatte, daß der Text dann wiederum zu mir selbst spricht, obwohl ich ihn selber formuliert habe. Daran wird mir etwas vom Geheimnis des Wortes offenbar. Das sind plötzlich nicht mehr meine Sätze, sondern ich habe das nur formuliert, und jetzt kommt die Sprache auf mich zurück. Diesen Text will ich hier zitieren:

„Ich glaube Dir, GOTT, Du Ursprung, Mitte und Ziel allen Lebens.
Du berufst mich zum Leben unter Lebendigem.
Du beschenkst mich mit Fähigkeiten zu singen und zu lieben,
zu weinen und zu spielen, zu denken und zu sprechen,

zu arbeiten und zu ruhen, zu verändern und zu bewahren.
Du lädst mich ein zur Partnerschaft mit Dir mitten in der mir anvertrauten Welt.
Du hast mir großen Spielraum gegeben – eine Freiheit, mit der ich mich selbst und meine Welt aufs Spiel setzen kann.
Ich glaube Dir, Gott, Du bist geduldig, gnädig und von großer Güte. Darum und nur darum verzweifle ich nicht, wenn ich die Erde ansehe, die Du mir in die Hände gegeben hast. Du behältst sie in Händen. Das ist meine Hoffnung.
Darum, nur darum versinke ich nicht in meiner Angst.
Ich danke Dir für alles, was Du mich in dieser Welt erleben läßt.
Ich glaube Dir, MENSCHENSOHN, wirklicher Mensch, Mensch aus Gott.
Jesus aus Nazareth. Dir glaube ich den Frieden. Du hast ihn gelebt mitten im Streit. Du hast Dir nichts erspart,
und Dir ist nichts erspart geblieben. Zu Dir blicke ich auf, auch wenn Du nicht oben sein willst. Gerade deshalb blicke ich auf.
An Dir sehe ich, daß Sanftmut nicht Schwäche, Demut nicht Unterwürfigkeit, Friedfertigkeit nicht Passivität ist.
Dir glaube ich den Anfang eines Lebens ohne Herrschaft.
Dir glaube ich das Ende der Abschreckung.
Dir glaube ich den Ausstieg aus der Vergeltung.
Dir glaube ich die Liebe zum Leben ohne den Anspruch auf Besitz.

Dir glaube ich die Nähe zu den Schwachen ohne die Herablassung der Starken.

Dir glaube ich die Vergebung der Schuld ohne den Nachgeschmack der Bitterkeit.

Dir glaube ich das Leben, das durch den Tod hindurchgegangen ist.

Dir glaube ich aufs Wort, auch wenn ich zu träge bin, es zu leben.

Dir glaube ich die Tränen, die Du über uns weinst, wenn Du auf unsere Stadt siehst.

Was uns zum Leben dient, das zeigst Du uns. Ich bin froh, daß es Dich gibt.

Ich glaube Dir, erneuernder GEIST, Geist der Brüderlichkeit und der Gerechtigkeit, Geist der Wahrheit und Geist der Freiheit, Heiliger Geist, Flamme des Lebens unter uns.

Ich glaube an Deine Gegenwart, aus der mir Zukunft erwächst, eine Zukunft, die Raum läßt für alle.

Ich glaube Dich über Brot und Wein, geteilt, verteilt, verschenkt, für jeden sein Teil.

Ich glaube an Dich, verwandelnder Geist. In die Zukunft des Lebens weist Du mich.

Wo sich alles im Kreise dreht, wo ich denke, es gibt keine Chance mehr, wo sich die Spirale des Hungers und der Todesmaschinen nach oben dreht und wo ich wie gebannt auf das Ende starre, da bleibst Du meine einzige Hoffnung.

Du fängst immer wieder an mit mir, mit uns, mit den anderen. Schöpferischer Geist, gestern, heute, morgen – aus Deinem Atem lebe ich.

Du läßt mich aufbrechen auf Dein Reich hin.

Zeichen des Lebens läßt Du mich entdecken und tun.

So komm, Taube, bring mir den Zweig der Hoffnung.
Gott, Heiliger Geist, der Du die Erde berührst an ihren Enden, laß mich bleiben unter dem Regenbogen Deiner Güte."

Eugen Drewermann bei Herder/Spektrum

Eugen Drewermann/
Friedrich Schorlemmer
Tod oder Leben
Vom Sinn und Unsinn des Gottesglaubens
Hrsg. von Michael Albus
Band 4381

Eugen Drewermann/
Eugen Biser
Welches Credo?
Ein Disput
Hrsg. von Michael Albus
Band 4202

Eugen Drewermann
Der gefahrvolle Weg der Erlösung
Die Tobitlegende tiefenpsychologisch gedeutet
Band 4165

Eugen Drewermann
Dein Name ist wie der Geschmack des Lebens
Tiefenpsychologische Deutung der Kindheitsgeschichte nach dem Lukasevangelium
Band 4113

Eugen Drewermann
Zeiten der Liebe
Hrsg. und eingeleitet von Karin Walter
Band 4091

Eugen Drewermann
Das Eigentliche ist unsichtbar
Der Kleine Prinz tiefenpsychologisch gedeutet
Band 4068

Eugen Drewermann
Der tödliche Fortschritt
Von der Zerstörung der Erde und des Menschen im Erbe des Christentums
Band 4032

Eugen Drewermann
Die Spirale der Angst
Der Krieg und das Christentum
Mit vier Reden gegen den Krieg am Golf
Band 4003

HERDER / SPEKTRUM

Antworten der Religionen

Otto Betz/Rainer Riesner
Jesus, Qumran und der Vatikan
Klarstellungen
Band 4392

Diskussionen um die Schriften vom Toten Meer: In das explosive Gemisch von Tatsachen und Spekulationen wird Sachverstand und Klarheit gebracht.

Johannes vom Kreuz
Die dunkle Nacht
Vollständige Neuübersetzung
Hrsg. und übersetzt von U. Dobhan, E. Hense und E. Peters
Band 4374

Im Aufgeben des eigenen Selbst wird man offen für die andere Realität.

Mutter Teresa
Zeiten der Barmherzigkeit
Hrsg. von L. Höhren
Band 4373

„Lasse nie zu, daß du jemandem begegnest, der nach der Begegnung mit dir nicht glücklicher ist" (Mutter Teresa).

Matthew Fox
Der Weg der Verwandlung – Geist und Kosmos
Vorwort von Rupert Sheldrake. Nachwort von Bede Griffiths
Band 4361

Ein moderner Theologe des 20. Jahrhunderts im – fiktiven – Gespräch mit dem universalen Genie des Mittelalters: Thomas von Aquin.

Leben ist mehr
Das Lebenswissen der Religionen und die Frage nach dem Sinn des Lebens
Mit einem Vorwort von Carl Friedrich von Weizsäcker
Band 4360

Die großen Religionen bieten überraschende Alternativen. Überzeugende Menschen berichten von ihrer Entdeckung und Lebensleidenschaft.